W0095193

VOLL GUT

>>Merke Dir mein Sohn –
auf Erden herrscht der Glaube,
im Himmel die Liebe
und nur in der Hölle die Gerechtigkeit.<<
Papst Alexander III. (1159–1181)

Dr. Gerhard Czerwensky
Chefredakteur und Herausgeber
des Informationsbriefes für Politik und Wirtschaft
»Czerwensky intern«

VOLL GUT

Kronberger Verlags GmbH
Kronberg – Frankfurt am Main

1. Auflage 1995
Copyright by Kronberger Verlags GmbH
Frankfurt am Main, Eschersheimer Landstraße 9
Tel. (069) 55 00 02
Zeichnungen Felix Mussil, Frankfurt
soweit nicht andere Quellen
Alle Rechte der Vertreibung,
auch durch Film, Funk, Fernsehen,
fotomechanische Wiedergabe
sowie auszugsweise Nachdrucke
sind vorbehalten.
Gesamtherstellung: J. Ebner Graphische Betriebe
GmbH & Co. KG, Ulm
Printed in Germany
ISBN 3-00-000177-8

Inhaltsverzeichnis

Vorwort

Diese Sammlung von Aphorismen prominenter Vertreter unseres Kulturkreises, von Repräsentanten aus Politik und Wirtschaft sowie spritzigen aus dem Leben gegriffenen Formulierungen gleicht bestem Wein, den Sie sich genüßlich in ruhiger Stunde zu Gemüte führen sollten. Unter dem modernen Titel »VOLL GUT« wird dem Zitatenschatz zugleich eine hohe Prädikatsnote erteilt. Wohl sind in den letzten Jahren schon viele Editionen ähnlichen Inhalts erschienen, nachdem messerscharfe Formulierungen heute hoch im Kurs stehen. Politik und Wirtschaft sowie zunehmend breite Bevölkerungsschichten versuchen mit »geflügelten Wortspielen«, den Finger an gesellschaftliche, politische und wirtschaftliche Wunden zu legen. Die Gliederung nach Sachgebieten sowie das Bukett von schöpferischen Gedankesblitzen in- und ausländischer Politiker, gekennzeichnet mit deren Namen, helfen dem Leser, rasch ein passendes Zitat für den Hausgebrauch oder für öffentliche Anlässe zu finden.

Geschöpft wurden die Bonmots aus dem seit Herbst 1988 zweimal wöchentlich erscheinenden Informationsbrief Czerwensky intern, der mit ihnen seine Insiderberichte als Schluß garnierte. Ergänzt wurde der Fundus mit geistreichen Aussprüchen anerkannter literarischer Größen. Weil sie nicht nur auf die Gegenwart gemünzt sind, besitzen sie einen bleibenden Wert.

Dr. Gerhard Czerwensky
Frankfurt am Main, Oktober 1995

VOLL GUT

Ausländische Potentaten

Winston Churchill

Ein kluger Mann macht nicht alle Fehler selbst. Er gibt auch anderen eine Chance.

Im Konflikt zwischen Feuer und Feuerwehr gibt es keine Neutralität.

Wenn wir die Vergangenheit und die Gegenwart miteinander streiten lassen, werden wir die Zukunft verlieren.

Wir sind noch nicht am Anfang, wir sind auch noch nicht am Ende, aber wir sind am Anfang vom Ende.

☆

Margaret Thatcher

Eine ganze Reihe von Männern legen genau jene Eigenschaften an den Tag, die sie Frauen zuschreiben – Eitelkeit und Unfähigkeit, harte Entscheidungen zu treffen.

☆

Charles Maurice Talleyrand

Kein Abschied auf der Welt fällt schwerer als der Abschied von der Macht.

☆

Pompidou
Französischer Präsident

Was für den Menschen der Schatten, ist für die Steuer die Hinterziehung.

VOLL GUT

Harry S. Truman

Die Verantwortung der großen Staaten ist es, der Welt zu dienen, und nicht, sie zu beherrschen.

Die Politik ist eine Bühne, auf der die Souffleure oft mehr zu sagen haben als die Darsteller.

☆

Abraham Lincoln

Ihr werdet die Schwachen nicht stärken, indem ihr die Starken schwächt.

Ihr könnt den Menschen nie auf die Dauer helfen, wenn Ihr für sie tut, was sie selber für sich tun sollten und könnten.

Demagogie ist die Fähigkeit, die kleinsten Ideen in die größten Worte zu kleiden.

Ausländische Potentaten

US-Präsident Roosevelt

Der beste Führer ist derjenige, der sich mit sicherem Instinkt gute Leute aussucht, die tun, was er getan haben möchte, und genügend Selbstbeherrschung besitzt, um sich nicht einzumischen, solange sie es tun.

☆

Papst Johannes

Wo die Pferde versagen, schaffen es die Esel.

☆

Albert Einstein

Ich bediene mich der Mathematik, aber ich glaube nicht an sie. Ich glaube an Gott.

☆

John F. Kennedy

Wenn wir uns einig sind, gibt es wenig, was wir nicht tun können. Wenn wir uneins sind, gibt es wenig, was wir tun können.

Wenn eine frei Gesellschaft den vielen, die arm sind, nicht helfen kann, kann sie auch die wenigen nicht retten, die reich sind.

☆

Henry Kissinger

Mäßigung ist nur bei denjenigen eine Tugend, von denen man annehmen kann, daß sie eine Alternative haben.

VOLL GUT

Staatspräsident Vaclav Havel

Die Freiheit ist wie das Meer – die einzelnen Wogen vermögen nicht viel, aber die Kraft der Brandung ist unwiderstehlich.

☆

Henry Ford I.

Reich wird einer nicht durch das, was er verdient, sondern durch das, was er nicht ausgibt.

Erfolg besteht darin, daß man genau die Fähigkeiten hat, die im Moment gefragt sind.

Erst kommt das Auto, dann der Weg.

☆

Stanislaw Jerzy Lec

Autovertreter verkaufen Autos. Versicherungsvertreter verkaufen Versicherungen. Und was verkaufen Volksvertreter?

Deutsche Politiker

Deutsche Politiker

Kaiser Karl

Der Sieg soll nie ohne Übung der Barmherzigkeit sein.

☆

Friedrich der Große

Wenige Menschen denken, und doch wollen alle entscheiden.

☆

Otto von Bismarck

Setzen wir Deutschland in den Sattel, reiten wird es schon können.
Prinzipien haben heißt mit einer Stange quer im Mund einen Waldlauf machen.

☆

Stresemann

Liberal ist, wer die Zeichen der Zeit erkennt und danach handelt.

☆

Walther Rathenau

Verschmilzt die Wirtschaft Europas zur Gemeinschaft – und das wird früher geschehen als wir denken –, so verschmilzt auch die Politik. Das ist nicht der Weltfriede, nicht die Abrüstung und nicht die Erschlaffung, aber es ist eine Milderung der Konflikte, Kräfteersparnis und solidarische Zivilisation.

☆

Richard von Weizsäcker

Unsere Rolle in der Welt wird weder die des Spielführers noch die des Spielballs sein.

VOLL GUT

Roman Herzog

Idealvorstellungen braucht der Mensch, gerade wenn er weiß, daß sie zu seinen Lebzeiten nicht zu erreichen sind.

☆

Franz Josef Strauß

Die Zehn Gebote Gottes enthalten 279 Wörter, die amerikanische Unabhängigkeitserklärung deren rund 300. Die Verordnung der EG über den Import von Karamelbonbons hat exakt 25911

Die Charakterlosigkeit der FDP, verbunden mit ihrem Selbsterhaltungsbetrieb, ist eine der zuverlässig berechenbaren Komponenten.

Eine Kandidatur als Bundeskanzler: Ich würde lieber Ananas in Alaska züchten als Bundeskanzler werden.

Jeder hat seine Schwächen. Ich wäre zum Beispiel für ein Amt, bei dem man nur Sympathie ausstrahlt, nicht unbedingt geeignet.

☆

Arbeitsminister Norbert Blüm

Der Sozialstaat ist kein Vergnügungspark mit abendlichem Feuerwerk.

Ich möchte nicht so verstanden werden, als hätte ich den Rückwärtsgang eingelegt. Ich fahre im Geländegang.

Wir brauchen mehr Spontaneität. Der Samariter hat sofort geholfen und nicht erst den Bericht einer Enquêtekommission abgewartet, welche die Unfallursachen auf der Strecke Jericho-Jerusalem untersuchte.

Deutsche Politiker

Helmut Schmidt

Daß die Glaubwürdigkeit der Politiker noch nie so gering war wie heute, liegt an einer Gesellschaft, die in die Glotze guckt.

☆

Kurt Biedenkopf

Politisches Handeln muß von der Wirklichkeit und nicht von Illusionen über Wirklichkeit ausgehen.

Aus der Verantwortung wird man auch im Alter nicht entlassen.

☆

Rainer Barzel

Versöhnung beginnt mit der Wahl der Worte und mit dem Ton des Umgangs hin und her.

☆

Heiner Geißler

Wer nicht tanzen kann, der schimpft auf die Musikkapelle.

Für manchen ist einer schon rechts, wenn er morgens pünktlich zur Arbeit kommt, und links, wenn er eine berufstätige Frau hat.

☆

Alois Glück
Bayerischer Innenminister

Nicht jeder, der Macht über eine Feder oder ein Mikrophon hat, repräsentiert die Mehrheit.

VOLL GUT

Wolfgang Mischnik

Politik ist wie Skat – erst richtig reizen, dann richtig stechen.

☆

Manfred Rommel
Oberbürgermeister von Stuttgart

Zur Demokratie gehört, daß man nicht jeden Interessenhaufen zum Volk erklärt.

Wenn man Geld, das man nicht hat, nicht ausgibt, ist das Realismus.

Der Schwabe tut so, als ob er arm sei; aber er ist beleidigt, wenn andere ihm das glauben!

Das größte Problem in der Politik ist, daß man dem letzten Querulanten eingeredet hat, er sei das Volk.

☆

Dr. Heinz Riesenhuber
ehemaliger Forschungsminister

Früher hatte man eine Frau und fünf Berufe, heute scheint es sich da eher umgekehrt zu verhalten.

Wer die erste Zahl nennt, zahlt mehr. Das gilt beim antiken Spinnrad auf dem Trödelmarkt wie beim Währungsaustausch.

☆

E. Spranger
Entwicklungsminister

Politik ist der verzweifelte Versuch, mit den Problemen der Masse fertig zu werden.

Deutsche Politiker

Norbert Lammert
Staatssekretär im BMWi

Der Mittelstand ist ein Anker, der das manchmal schwerfällige Schiff unserer Volkswirtschaft in konjunkturellen Stürmen hält und ein Motor, der es zu neuen Ufern treibt.

☆

Jürgen Rütgers
Bundesminister für Bildung, Forschung und Technologie

Eine Volkswirtschaft ohne funktionierende Industrie ist nicht denkbar. Die Dienstleistungsgesellschaft, in der jeder jedem Pizza bringt, ist ein ökonomisches Perpetuum mobile, und das hat ja nun noch niemand erfunden.

☆

Lothar Späth
ehemal. Ministerpräsident von Baden-Württemberg

Wir wollen keine Gesellschaft von Akademikern, in der jeder weiß, wie's geht, bloß tut's keiner mehr.
Viele Studenten möchten halt was Leichtes studieren, am liebsten Diskussionswissenschaften.

☆

Johannes Rau
Ministerpräsident von Nordrhein-Westfalen

Bei Großvorhaben gibt es 7 Phasen – zunächst Begeisterung, dann Verwirrungen, Ernüchterung, Massenflucht der Verantwortlichen, Suche nach den Schuldigen, Bestrafung der Unschuldigen und schließlich Auszeichnung der Unbeteiligten.

VOLL GUT

Ludwig Erhard

Wohlstand ist eine Grundlage, aber kein Leitbild für Lebensgestaltung. Ihn zu bewahren, ist noch schwerer, als ihn zu erwerben.

☆

Wilfried Guth

Geschichte läßt sich nicht vorhersehen.

☆

Hermann Josef Abs

Seid nicht so ängstlich und denkt nicht, daß die weiche Tour die Chance zum Überleben bietét.

Gelassenheit ist eine Tugend. Das hindert nicht daran, an Probleme mit Beharrlichkeit und Festigkeit und nicht mit Härte, mit Maß und nicht mit Arroganz, mit Bescheidenheit und nicht mit Übermut heranzugehen und zu ihrer Lösung beizutragen.

Gewinn ist so notwendig wie die Luft zum Atmen, aber es wäre schlimm, wenn wir nur wirtschaften würden, um Gewinne zu machen, wie es schlimm wäre, wenn wir nur leben würden, um zu atmen.

☆

Alfred Herrhausen
Deutsche Bank

Wir müssen sagen, was wir denken, müssen tun, was wir sagen, und müssen sein, was wir tun.

Nur mit Optimismus sind schwierige Aufgaben zu lösen.

Prominente Wirtschaftler

Prominente Wirtschaftler

Hilmar Kopper
Deutsche Bank

Dem Finanzplatz nutzt nichts mehr als die Gewißheit,
daß ordnungspolitische Grundsätze gelten – in Theorie
und Praxis.

Wenn in Deutschland Dummheit bestraft werden
würde, wären wir alle vorbestraft.

(aus Frankfurter Rundschau)

VOLL GUT

Dr. F. W. Christians

Wer einmal vom Vorstand der Deutschen Bank einen Fehler macht, wird freundschaftlich am Ohr gezupft.

☆

Wolfgang Röller
Dresdner Bank

Vor der Zukunft ist mir nicht bange, weil ich die Vergangenheit kenne.

☆

Martin Kohlhaussen
Commerzbank

Wenn die Flut kommt, muß man schwimmen können.

☆

Eberhard Martini
Bayerische Hypo

In der Marktwirtschaft klingelt keiner, wenn's gefährlich wird.

Prominente Wirtschaftler

Dr. Heinrich von Pierer
Siemens Vorstands-Chef

Einmal bin ich auf dem ICE von Hamburg nach Nürnberg gefahren. So um 8 Uhr in der Früh, nach dem Frühstück im Zug, es gab nicht viel zu tun, habe ich gedacht: jetzt wäre eigentlich Zeit, um mal in den Führerstand zu gehen. Also, was habe ich gemacht? Ich bin zum Schaffner gegangen, habe ihm meine Visitenkarte gegeben und gesagt, guten Morgen, ich bin der Vorstandsvorsitzende von Siemens. Daraufhin hat er geantwortet, schön für Sie. Dann habe ich, schon etwas eingeschüchtert, gesagt, ja, wir haben den ICE gebaut. Darauf der Schaffner: ich gratuliere. Na ja, nach einigem Zureden und einem Telefonat nach vorne durfte ich dann doch im Führerstand mitfahren. Ich wurde von einem Oberpfälzer Lokomotivführer ins LZB, das steht für Linienzug-Beeinflussung, eingewiesen. Also, der macht gar nichts mehr, nur bei der Einfahrt nach Kassel, da hätte er die letzten zwei Meter bremsen müssen. Wir haben uns jedoch so intensiv übers LZB unterhalten, daß er darüber hinausgefahren ist.

Handle, oder du wirst gehandelt.

Nichts bleibt so, wie es ist.

Um nur einmal zu zeigen, mit welchen Genehmigungsauflagen wir in Hanau zu kämpfen hatten, als Beispiel die Feuerwehr: Vorgeschrieben war in unseren drei Betrieben in Hanau eine Betriebsfeuerwehr, die so ausgestattet ist, daß sie eine Stadt von 100 000 Menschen bedienen könnte – mit etwa 20 hauptamtlich angestellten und nochmals rund 70 freiwilligen Feuerwehrleuten, die in einem erdbebensicheren Gebäude untergebracht sind. Wahrscheinlich haben wir die einzige erdbebensicher Feuerwehr, zumindest in Deutschland. Die Kostenbelastung, die allein daraus resultiert, macht im Jahr 3,5 Mio. DM aus.

. . . die Chinesen können zwei Dinge auf englisch sagen, das eine ist your prices are too high und das zweite ist softloan.

Man muß den Wandel selbst bestimmen, also Schrittmacher sein. Sonst bleibt man zweiter Sieger. Und zweite Sieger bekommen im wirtschaftlichen Wettbewerb keine Silbermedaille, sondern große Probleme.

☆

Dr. Manfred Schneider
Bayer-Vorstands-Chef
Zur Standortfrage: „Man könnte sich auch schönere Plätze für den Sitz der Verwaltung als Leverkusen vorstellen, sagen wir zum Beispiel den Genfer See oder Bali. Jeder hat seinen Favoritenstandort."
Um wieviel würde denn Bali billiger werden? „Das können wir uns nicht leisten; das würde zu teuer. Dort müßte ich die Burschen mit dem Lasso einfangen, damit sie in der Hauptverwaltung auch arbeiten."
Was ist Gewinnzuwachs? Wenn Sie eine kleinere Basis haben, sind die prozentualen Steigerungen immer größer. Damit haben Sie völlig recht. Aber wissen Sie: Ich habe lieber eine größere Basis und kleinere Prozentzuwächse!
Der Name Bayer ist so wertvoll! Dafür würde ich, wenn ich ihn kriegen könnte, rüberschwimmen!
Zur rot-grünen Regierungskoalition: Regierungen kommen und gehen, aber Bayer bleibt bestehen.

☆

Karl Kauermann
Helaba
Jede Mark, die man spart, braucht nicht verdient zu werden.

Prominente Wirtschaftler

Hans-Peter Linss
früherer Chef der Bayerischen Landesbank

Im Eishockey ist man mit 30 out.
Im Fußball ist man mit 40 ein Fossil.
Als Privatbankier ist man mit 70 auf der Höhe seiner Leistung.
Als Chirurg kann man mit 75 nur nach Gehör operieren, aber als Bischof kann man mit 75 über das Weitermachen nachdenken.
Mit 80 rät der Papst jüngeren Kardinälen, aus Altersgründen zurückzutreten.

☆

Walter Deuss
Karstadt

Nur ungern nimmt der Handelsmann statt barer Münze Plastik an.

☆

Grete Schickedanz

Der Pfennig ist die Seele der Milliarde.

☆

Philip Rosenthal

Wer zu spät an die Kosten denkt, ruiniert sein Unternehmen.

☆

Birgit Breuel
Treuhand

Wenn man in die falsche Richtung läuft, hat es keinen Zweck, das Tempo zu erhöhen.

VOLL GUT

Vorwerk-Unternehmer

Der Mensch benötigt nur 7 Muskeln um zu lächeln, dagegen 43 um finster zu blicken.

☆

Thomas Middelhoff
Bertelsmann

Wir können unseren Leuten nicht sagen: Ihr habt 30, 40 Jahre die Knochen hingehalten – und wir gehen jetzt mit dem Betrieb ins Ausland.

☆

Wolfgang Reitzle
BMW

Das Wort „Standard" muß gestrichen werden. Es muß sich alles permanent verändern.

☆

Walter Kunerth
Siemens

Die Gesellschaften von Siemens gleichen den Waggons eines langen Zuges, der durch einen Tunnel fährt: Einige sehen schwarz, einige sehen schon Licht am Ende des Tunnels, einige sind noch in der Sonne.

☆

Pischetsrieder
BMW-Chef

Tradition pflegen heißt nicht, die Asche bewahren, sondern das Feuer zu erhalten.

Prominente Wirtschaftler

Karl-Ernst Vaillant

Für Führungskräfte muß die Selbstverwirklichung durch Egotrips aufhören.

☆

Edzard Reuter
früherer Vorstandsvorsitzer Daimler Benz

Mitleid bekommt man geschenkt, Neid muß man sich erarbeiten.

☆

R. Jochimsen
Präsident der LZB in Düsseldorf

Wir haben allen Grund, das überschießende Geldmengenwachstum ernst zu nehmen.

VOLL GUT

Karl-Heinz Kaske
früherer Siemens-Chef

Wir hüten uns, nach der Devise zu fahren – schnell, präzise und . . . falsch.

☆

Der Wappenspruch der Familie von Bennigsen-Foerder

Durant virtute parata – Was aus Tüchtigkeit geschaffen wurde, wird bestehen.

☆

Gerhard Rüschen
einstiger Nestlé-Chef

Die Leute haben lieber eine einfache Lüge als eine komplizierte Wahrheit.

☆

Paul Schnitker
Handwerks-Präsident

Sozial ist nicht, wer das Geld anderer Leute verteilt, sondern wer dafür sorgt, daß es überhaupt etwas zu verteilen gibt.

☆

Franz Steinkühler
IG-Metall

Wenn die Firmen rote Zahlen schreiben, können sie weder etwas für die Umwelt noch für die Sicherheit ihrer Arbeitsplätze tun.

Krieg
und Frieden

Krieg und Frieden

Es gibt keinen Frieden für den Furchtsamen und Unei-
nigen. Der Frieden, die Prosperität und die Größe gehören denen, die fest und mutig sind. */Charles de Gaulle*

☆

Der Friede hat ebenso viele Siege aufzuweisen wie der
Krieg, aber weit weniger Denkmäler. */Kin Hubbard*

☆

Frieden kannst du nur haben, wenn du ihn gibst.

VOLL GUT

Im Kriege schweigen die Gesetze. */Marcus Tullius Cicero*

☆

Friede ist nicht Abwesenheit vom Krieg. Friede ist eine Tugend, eine Geisteshaltung, eine Neigung zu Güte, Vertrauen, Gerechtigkeit. */Spinoza*

☆

Frieden ist, wenn man woanders schießt. */Gabriel Laub*

☆

Es muß einer den Frieden beginnen wie einer den Krieg. */Stefan Zweig*

☆

Vier G dürften einem Feldherren nicht fehlen: Geld, Geduld, Genie und Glück. */Graf von Moltke*

Bonner Szene

Bonner Szene

(aus Frankfurter Rundschau)

Die Konkurrenzfähigkeit des Standortes Deutschland, besser gesagt, die Zukunft Deutschlands, ist eben nicht nur eine Frage der Kosten. Gefordert sind Tugenden wie Leistungswille, Fleiß, Zuverlässigkeit und Mitmenschlichkeit, aber eben auch der Mut zur Zukunft.

/ Bundeskanzler Helmut Kohl

☆

Bonn ist ein Feuchtbiotop. Wenn man über einen feuchten Käse allzu lange eine Glocke setzt, fängt er an zu schimmeln. Der Schimmel in Bonn, das ist diese gnadenlose Geschwätzigkeit. */ Rudolf Scharping*

☆

Kanzler Kohl wird erst durch Scharping schön.

VOLL GUT

Im Leben jeder Regierung gibt es Zeiten, wo aus Unglück Fortschritt erwächst.

☆

Es gibt zwei Arten von Regierungs-Chefs: Der eine steht über allem, der andere übersteht alles.

/ *Werner Schneyder*

☆

Jeder neue Minister hält sich für einen Kometen, aber vor der Wirklichkeit zieht er bald den Schweif ein.

☆

Der Mangel an Ausstrahlung ist die Tugend Bonns.

/ *Klaus Hartung*

☆

Koalition – ist eine politische Ehe auf Gedeih, aber nicht auf Verderb. / *Ron Kritzfeld*

☆

Viele Lichter verdanken's bloß ihrem Leuchter, daß man sie sieht. / *Friedrich Hebbel*

☆

Je üppiger die Pläne blühen, um so verzwickter wird die Tat. / *Erich Kästner*

☆

Im Bonner Theater: Auf einen Darsteller kommen 4 Soufleure.

☆

Eine zu Ende gehende Koalition ist wie ein überreifer Camembert – die Sache stinkt. / *M. Scelba*

Bonner Szene

Wer sich allzu grün macht, den fressen die Ziegen.

/ Johann Wolfgang von Goethe

☆

Das Wasser und das Volk kann man nicht zurückhalten.

☆

Diejenigen, die immer davon reden, daß wir alle in einem Boot sitzen, sind meistens diejenigen, die sich rudern lassen. */ Helmut Ruge*

VOLL GUT

Wer über See geht, wechselt den Himmel, nicht den Charakter.

/ Horaz

☆

Strebe nach Einheit, aber suche sie nicht in der Einförmigkeit.

/ Friedrich von Schiller

☆

Einer, der viele Wohltaten empfängt, hört auf sie zu zählen, und fängt an, sie zu wägen – als wären's Stimmen.

☆

Wie die Made im Käse, wie die Trichine im Schwein, so leben die Bonner Politiker am Rhein.

/ G. Czerwensky

☆

Beliebtheits-Barometer: Es geht nicht so sehr darum, ob die Leute mit den Ansichten der Politiker übereinstimmen, sondern darum, ob ihnen die Politiker sympathisch sind oder nicht.

/ Björn Engholm

☆

Adenauer hatte noch vier Silben, Kiesinger noch drei. Inzwischen werden die Bundeskanzler immer einsilbiger.

/ Helmut Schmidt

☆

Wenn man einen Tiger umarmt, wird daraus keine Hauskatze.

/ S. Peres

Wahlen

Wahlen

Ein Volk ist für seine Machthaber durchaus verantwortlich.
/ Paul Bertololy

VOLL GUT

Jedes Volk bekommt die Regierung, die es verdient.

☆

Eine Regierung soll ihre Sünden gleich zu Anfang begehen, dann bleibt ihr genug Zeit für die Reue.

/ *Georges Clemenceau*

☆

Hüte Dich vor Leuten, die Brot predigen und Gänsebraten essen.   / *Rumänisches Sprichwort*

(aus Frankfurter Rundschau)

Wahlen

Das Parlament ist mal voller, mal leerer, aber immer voller Lehrer.   */Handwerkspräsident Paul Schnitker*

☆

Nicht eingehaltene Wahlversprechen sind wie ein Fallschirm, der sich nicht öffnet.
/ einstiger US-Außenminister Dean Rusk

☆

Eine Partei kann schlecht gewinnen, wenn einige auf das eigene Tor schießen und andere uninteressiert auf die Zuschauertribüne gehen.
/ CDU-Generalsekretär Geißler

☆

Wahlen sind eine gute Sache. Wenn man gewählt wird, kommt man ans Ruder. Und wenn man nicht gewählt wird, muß man nicht halten, was man versprochen hat.
/ Peter Whitefoot

☆

Man muß die Fahne dort wehen lassen, wo der Sieg winkt.

☆

Die dümmsten Kälber wählen ihre Metzger selber.

☆

Wahlen – Bauboom für Potemkinsche Dörfer.
/ Ron Kritzfeld

☆

Lausige Zeiten! Nicht mal vor der Wahl gibt es diesmal Geschenke.

☆

Jede Halbwahrheit ist eine Dreiviertel-Lüge.

VOLL GUT

Die Minderheiten sind die Mehrheiten der nächsten Generation.

/ Jean-Paul Sartre

☆

Zugpferde, die sich vor den Karren anderer spannen lassen, sind Esel.

/ Gerhard Uhlenbruck

☆

Ehe man die alten Schuhe wegwirft, sollte man sich vergewissern, daß die neuen besser sind.

☆

Die Menschen wechseln gern ihren Herrn in der Hoffnung einen besseren zu bekommen . . . aber darin täuschen sie sich.

/ Machiavelli

☆

Wer Wahrheit sucht, der darf die Stimmen nicht zählen.

/ Leibniz

☆

Mit einer guten Verpackung wickelt man nicht nur die Ware ein, sondern auch den . . . Wähler.

☆

Wahlen sind bekanntlich nur eine Entscheidung für das geringere Übel.

☆

Alle Revolutionen haben bisher nur eines bewiesen, nämlich, daß sich vieles ändern läßt, bloß nicht die Menschen.

/ Karl Marx

Politische
Weisheiten

Politische Weisheiten

Nichts auf der Welt ist so mächtig wie eine Idee, deren Zeit gekommen ist.

/ Victor Hugo

☆

Die Deutschen sind großer Dinge fähig, aber es ist unwahrscheinlich, daß sie sie tun.

☆

Die schlimmsten Feinde der Freiheit sind Enttäuschung und Ermüdung.

VOLL GUT

In der Politik wird Ratlosigkeit oft mit Geduld verwech-
selt.   / Roger Peyrefitte

☆

Was braucht der Politiker um erfolgreich zu sein? – Unwissenheit und Selbstvertrauen!

☆

Politik ist nichts anderes als zukünftige Geschichte.
                                          / Cees Nooteboom

☆

Alles Politisieren, auch bei den größten Staatsmän-
nern, ist Improvisieren auf gut Glück. / Friedrich Nietzsche

☆

Weniger Politik wäre heute die bessere Politik.
                                          / Thomas Ellwein

☆

In der Politik werden permanent Macher gesucht, aber
benötigt würden Verhinderer.   / Sean Connery

☆

Die Welt ist nichts als ein Schaukelspiel, wo man
kommt und geht, nieder- und aufsteigt.   / Aus Arabien

☆

Das Wesen der Politik besteht leider nicht in der Ver-
wirklichung von Idealen, sondern in der Beseitigung der
allerschlimmsten Mißstände.   / Roger de Weck

☆

Politik verliert an Vertrauen, wenn sie keine Hoffnungen
mehr weckt.

Politische Weisheiten

Ich gehe auf keine Demonstration, ich bin selber eine.

/ Friedrich Dürrenmatt

☆

Hessische Lebensart: Grün wohnen, rot wählen, schwarz arbeiten!

☆

Nur die Ruhe in der Bewegung hält die Welt und macht den Mann. Die Ruhe zieht das Leben an, Unruhe verscheucht es.

/ Gottfried Keller

☆

Was uns die Geschichte immer wieder lehrt, ist, daß die Kleinen stets durch die Torheiten der Großen leiden.

/ Fontaine

☆

Internationale Diplomatie . . . kann definiert werden als der Tausch vieler brennender Fragen gegen eine schwelende.

/ Ambrose Bierce

☆

Nichts ist stärker als eine Idee, deren Zeit gekommen ist.

/ Victor Hugo

☆

Wer unterwegs ist zu neuen Ufern, übersieht leicht, daß er schwimmt.

☆

Patriotismus ist nichts anderes als Liebe zu den wohlschmeckenden Dingen, die wir als Kinder zu essen bekamen.

/ Lin Yutang

VOLL GUT

Von der Humanität über die Nationalität zur Bestialität.

/ Grillparzer

☆

Die Freiheit besteht darin, daß man alles das tun kann, was einem anderen nicht schadet.   / Claudius

☆

Der Fanatismus ist die einzige Willensstärke, zu der auch die Schwachen gebraucht werden können.

/ Nietsche

☆

Wer ein Gespenst großzieht, den bringt es um.

/ Theodor Fontane

☆

Überall, besonders aber in der Politik, ist ein Gramm Wissen einem Zentner Überzeugung und einer Tonne Meinung bei weitem   / Theodor Fontane

☆

Überall, besonders aber in der Politik, ist ein Gramm Wissen einem Zentner Überzeugung und einer Tonne Meinung bei weitem vorzuziehen.   / Manès Sperber

Bürokratie

Bürokratie

Der Staat bringt schon eine beachtliche Leistung, wenn er die Leute nicht bei der Arbeit stört.

/ früherer Forschungsminister Riesenhuber

☆

Gegen die Obrigkeit und gegen den Winter kommt keiner an.

/ Slowenien

☆

Verwaltungsfortschritt liegt vor, wenn dort, wo früher ein Grundschüler tätig war, heute drei Volkswirte wirken.

☆

Wer sagt, daß ein Beamter kein Beschäftigungsrisiko hat? Jeden Augenblick kann die Tür aufgehen und ein Antragsteller hereinkommen.

/ Helmar Nahr

☆

Die Etwas tun können, tun es; Die es nicht können, lehren es; Die es nicht tun und nicht lehren können, verwalten es.

/ H. L. Mencken

☆

Management-Regel der Bürokraten: Zwei Dinge sind in der Verwaltung zu lernen: Erstens: Lerne zu unterschreiben, ohne zu lesen – Zweitens: Lerne zu reden, ohne zu denken!

☆

Organisation besteht darin, weder den Dingen ihren Lauf noch den Menschen ihren Willen zu lassen.

/ Helmut Nahr

☆

Das einzige was oftmals bei einer Konferenz heraus kommt, sind die Leute, die hineingegangen sind.

VOLL GUT

Die Post ist eine Institution zur verteuerten Verlangsamung der Briefzustellung mit dem Ziel der Selbstabholung gegen 10fache Gebühr.

/ Parkinson

Die beste Lebensversicherung eines Angestellten:
Ein dickes Dossier über die Vorgesetzten.

Bürokratie

Qualitätsanforderungen öffentlicher Bedienstete

Amtsgehilfe:	weiß alles
Sekretär:	weiß alles besser
Obersekretär:	will alles besser wissen
Hauptsekretär:	kann lesen
Inspektor:	kann schreiben
Oberinspektor:	kann lesen und schreiben
Amtmann:	weiß, wer lesen und schreiben kann
Amtsrat:	kann telefonieren
Oberamtsrat:	weiß, wo alles steht
Regierungsrat:	glaubt, alles zu wissen
Oberregierungsrat:	ist der, der eigentlich alles wissen müßte
Regierungsdirektor:	unterschreibt nur, was er lesen kann
Ministerialrat:	denkt, daß alles richtig ist, was er unterschreibt
Leitender Ministerialrat:	weiß nicht alles, was er unterschreibt
Oberministerialrat:	fragt, wo er unterschreiben kann
Staatssekretär:	trägt die Aktentasche des Ministers
Minister:	glaubt, daß in der Tasche alles ist, was er wissen müßte

VOLL GUT

Ihr klagt über die vielen Steuern: Unsere Trägheit nimmt uns zweimal soviel ab, die Eitelkeit dreimal soviel und die Torheit viermal soviel. */Benjamin Franklin*

☆

Die Macht, Steuern zu erheben, beinhaltet auch die Macht, zu zerstören. */John Marshall*

☆

Der Groschen, der bei der Regierung fallen soll, wird gepumpt. */Lothar Schmidt*

Steuern

Steuern

Für mich ist kein Opfer zu groß, wenn es andere für mich erbringen.

/ Verkehrsminister Wissmann

☆

Die Steuer hat mehr Menschen zu Lügnern gemacht als der Teufel.

/ Will Rogers

☆

Staatshaushalt: Ein Haushalt, in dem alle schlemmen möchten, aber niemand Geschirr spülen will.

Bundesfinanzminister Waigel

☆

Steuerzahler sind Blutspender ohne ärztliche Assistenz.

/ Ralph Boller

☆

Sparen heißt für den Staat, daß er Steuergelder nur mit einer Hand zum Fenster hinauswirft.

/ Helmar Nahr

☆

Wenn alle Wege verstellt sind, bleibt nur der der Steuererhöhung.

☆

Politiker sparen, indem sie den Gürtel der Bürger enger schnallen.

/ Lothar Schmidt

☆

Ein schäbiges Kamel trägt immer noch die Lasten vieler Esel.

/ Johann Wolfgang von Goethe

☆

Steuergerechtigkeit ist das Gleichgewicht der Lobbies.

/ Helmar Nahr

VOLL GUT

Viele Herzinfarkte gehen auf den Mangel an Steuerehrlichkeit zurück. Die dadurch entstehende seelische Belastung wirkt sich auf die Dauer auch organisch schädlich aus. Ergo: Füllt eure Steuererklärung ehrlich aus, dann schlaft ihr ruhig und lebt länger. */ Dr. Guichet*

☆

Steuerhinterziehung: Strafbarer Versuch des Steuerzahlers, das staatliche Versprechen der Steuergerechtigkeit auf privater Basis zu realisieren. */ Helmar Nahr*

☆

Die Steuerhinterziehung wird bald die einzige Möglichkeit sein, um zu überleben. */ Prof. Rose*

Handelsblatt Bensch

Bundesbank

Bundesbank

Die Menschheit hat seit Anbeginn große Erfindungen gemacht – das Feuer, das Rad und die Zentralbank.

☆

In der Weltwirtschaft gibt es keinen Mangel an Liquidität, sondern an Solidität.   */Dr. Hans Tietmeyer*

☆

Die Bundesbank ist wie Schlagsahne. Je fester man sie schlägt, desto härter wird sie.

/ Holländischer Zentralbank-Chef Duifenberg

☆

Die Qualität und Stabilität einer Währung ist letztlich Reflex der Stabilität der Gesellschaft, der sie dient.

/ Dr. Helmut Schlesinger

☆

Die Wissenschaft ist der letzte Stand des möglichen Irrtums.   */ Johann Wilhelm Gaddum*

☆

Phantasie ist der positive Ausdruck der Unsicherheit.

/ Johann Wilhelm Gaddum

☆

Geldanleger haben das Gedächtnis eines Elefanten, das Herz eines Lammes und die Beine eines Hasen.

/ Karl-Otto Pöhl

☆

Jeder Bundesbank-Präsident ist unzufrieden mit seinem Vorgänger und seinem Nachfolger.

/ Ex-Bundesbankpräsident Karl Klasen

VOLL GUT

Wer die Kapitalisten vernichten will, muß ihre Währung zerstören.
/Lenin

☆

Währungen sind wie Fußballmannschaften – Wenn die Deckung versagt, hilft auch die beste Verteidigung nichts mehr.

Währung

Währung

Nur einer unter Zehntausend versteht die Währungsfrage, und wir treffen ihn jeden Tag.   */Kin Hubbard*

☆

Währungs-Spekulanten sind Leute, die fest auf die Unfähigkeit der Regierungen vertrauen.

☆

Ich freue mich, daß die Dänen die Europameisterschaft im Fußball gewonnen haben; damit werden sie für ihr mannhaftes Eintreten in Sachen Währungsunion belohnt.

/ Kommentar eines angesehenen Unternehmensmaklers

☆

Man kann kein Omelett machen, ohne Eier zu zerbrechen.

☆

Die sympathischste Währung ist immer noch das Weihnachtsgeld.

☆

Ohne Gold ist selbst das Licht finster.   */Aus Litauen*

☆

Trotz der Meinung, Gold sei ein „Relikt barbarischer Vorzeit" (Keynes) oder eine „dubiose Sache" (Bank of America), die allenfalls zum „Bau öffentlicher Toiletten" (Lenin) tauge, hat Gold unter allen Metallen seit Jahrtausenden seine Vorzugsstellung behaupten können.

VOLL GUT

Der Kaufmann, der im ersten Jahrhundert nach Christi Geburt in Rom aufbrach, um nach Colonia Claudia Ara Agrippinensis, dem heutigen Köln, zu reisen, konnte überall auf seinem langen Wege die Rechnungen mit der gleichen Münze, dem Denar, bezahlen. Wer 1600 Jahre später dasselbe Reiseziel vom damaligen Fürstbistum Würzburg aus anstrebte, für den nahm das Geldwechseln und Umrechnen gar kein Ende mehr. Ende des 18. Jahrhunderts übten 100 Territorien ihr Münzprägerecht aus. Die mehr als 300 selbständigen Staatsgebiete, die der Westfälische Friede auf deutschem Territorium als Vermächtnis hinterlassen hatte, erhoben an ihren Grenzen, aber auch im Innern, an Straßen und Flüssen, Stadttoren und Märkten, Steuern und Zölle. Man schätzt, daß im Jahre 1790 in Deutschland etwa 1800 Zollgrenzen bestanden. Ein Schiffer mußte beim Transport von Gütern auf dem Main zwischen Bamberg und Mainz über dreißigmal Zoll bezahlen. Erst mit der Gründung des Deutschen Zollvereins im Jahre 1834 fielen die Handelsschranken in Deutschland. Erst im Anschluß an die politische Einigung im Deutschen Reich wurden die Münzvielfalt gänzlich beseitigt und eine einheitliche Währung, die Mark, geschaffen.

/ Prof. Otmar Issing

☆

Kapital ist scheu wie ein Reh, flink wie ein Hase und hat das Gedächtnis eines Elefanten.

/ Ex-Bundesbankpräsident Karl-Otto Poehl

Wirtschaft

Wirtschaft

Aller Anfang ist schwer, am schwersten der Anfang der Wirtschaft.

/ Goethe

☆

Nicht die Politik ist unser Schicksal, sondern die Wirtschaft.

/ Walter Rathenau

☆

Fünfzig Prozent der Wirtschaft sind Psychologie. Wirtschaft ist eine Veranstaltung von Menschen, nicht von Computern.

/ Alfred Herrhausen

(aus Frankfurter Rundschau)

VOLL GUT

Von jedem Wirtschaftswunder bleibt am Ende nicht das Wunder, sondern die Wirtschaft übrig.

☆

Regen und Sturm gehören genauso zu einem guten Klima wie Sonnenschein.

Geschäft

Geschäft

Der Mensch hat dreierlei Wege, klug zu handeln; erstens durch Nachdenken, das ist der edelste, zweitens durch Nachahmen, das ist der leichteste, und drittens durch Erfahrung, das ist der bitterste. */Konfuzius*

☆

Wer nur um Gewinn kämpft, erntet nichts, wofür es sich zu leben lohnt. */Antoine de Saint-Exupéry*

☆

Es genügt nicht, zum Fluß zu kommen mit dem Wunsch, Fische zu fangen, man muß auch das Netz mitbringen. */Chinesisches Sprichwort*

☆

Es ist eine große Kunst zu wissen, wie man Wind verkauft.

☆

Die Theorie träumt, die Praxis belehrt. */Karl von Holtei*

☆

Sei mit Freude bei den Geschäften am Tage, aber mache nur solche, daß du nachts gut schlafen kannst.

☆

Betrüge mich mit dem Preis, aber nicht mit der Ware.
/ Thomas Fuller, engl. Prediger

☆

Ein Geschäft eröffnen, ist leicht; schwer ist, es geöffnet zu halten. */Chinesisches Sprichwort*

☆

Wer kein freundliches Gesicht hat, soll auch keinen Laden aufmachen. */Chinesisches Sprichwort*

VOLL GUT

Der Wein ist unter den Getränken das nützlichste, unter den Arzneien das schmackhafteste, unter den Nahrungsmitteln das angenehmste. */Plutarch*

☆

Der Kluge verkauft seinen Essig teurer als der Herr seinen Honig. */Sprichwort*

☆

Man läuft Gefahr zu verlieren, wenn man zu viel gewinnen möchte. */La Fontaine*

54

Geschäft

Ein Käufer braucht hundert Augen, der Verkäufer nicht eines.
/G. Herbert

☆

Sicher, ich hatte früher einen erstklassigen Job in einem erstklassigen Konzern. Warum ich mich trotzdem für die Selbständigkeit entschieden habe? Weil ich lieber der Kopf einer Maus bin als der Schwanz eines Elefanten.
/Sigrun O., Software-Herstellerin

☆

Wer zuviel fordert im Vergleich zu dem, was er leistet, drängt sich selber aus dem Markt.
/Prof. Giersch

☆

Nicht alle, die am Ziel ankommen, sind am Start losgelaufen.
/Michael Richter

☆

Der Unterschied zwischen geliefert haben und geliefert sein ist hauchdünn.
/Hermes-Spruch

☆

Ein Kompromiß ergibt einen guten Regenschirm, aber ein schlechtes Dach.
/J.R. Lowell

☆

Was für Holz man hackt, ist strategisch, wie man es hackt operativ. Der Witz ist nur: Um mich für die richtige Axt zu entscheiden, muß ich wissen, mit was für Holz ich es zu tun habe.
/Werner K., Sägewerks-Besitzer

☆

Wer noch nie war bei Siemens, AEG und Borsig, der hat das Leben noch vor sich.

VOLL GUT

Es gibt Zeiten, in denen es das beste Geschäft ist, keine Geschäfte zu machen.

☆

Geschäft ist wie Radfahren. Entweder zu bleibst in Bewegung oder du stürzt.
/ *J.D. Wright*

Optimismus ... Pessimismus

Ich bin mein ganzes Leben Optimist gewesen und habe an die Vernunft, die Intelligenz des Menschen und sein Gewissen geglaubt.
/ *Julian Huxley*

☆

Ein Optimist sieht stets nur grünes Licht, ein Pessimist immer rotes, der wirklich Weise jedoch ist farbenblind.
/ *Friedrich Dürrenmatt*

☆

Für den Optimisten ist das Leben kein Problem, sondern bereits die Lösung.
/ *Marcel Pagnol*

☆

Der Optimist erklärt, daß wir in der besten aller möglichen Welten leben, und der Pessimist fürchtet, daß dies wahr ist.
/ *James Branch Cabell*

☆

Ein Pessimist ist ein Mensch, dem nicht wohl zumute ist, wenn er sich wohl fühlt, weil er befürchtet, daß er sich schlechter fühlen wird, wenn er sich besser fühlt.
/ *Shaw*

☆

Nur Pessimisten schmieden wirklich das Eisen, so lange es heiß ist. Optimisten vertrauen leichtsinnigerweise darauf, daß es nicht erkaltet.
/ *Peter Bamm*

☆

Pessimist ist jemand, der unter mehreren Übeln keines missen möchte.
/ *Maximilian Schell*

VOLL GUT

Auf die Frage, ob ich pessimistisch oder optimistisch sei, antworte ich, daß mein Erkennen pessimistisch, und mein Wollen und Hoffen optimistisch ist.

/ Albert Schweitzer

Vision

Vision ist vorweggenommene unternehmerische Voraussicht.
/ Lothar Leonhard

☆

Wer keine Vision hat, kann weder große Hoffnungen erfüllen, noch große Vorhaben verwirklichen.

☆

Vision ist die Kunst, unsichtbare Dinge zu sehen.
/ Jonathan Swift

☆

Man kann einen Fluß umleiten, aber man vermag ihn nicht zu seinen Quellen zurückfließen zu lassen.

☆

Sein Jahrhundert kann man nicht ändern, aber man kann sich dagegenstellen und glückliche Wirkungen vorbereiten.

☆

In Zukunft wird sich die Utopie beeilen müssen, wenn sie die Realität einholen will.

☆

Es gibt kein Vergangenes, das man zurücksehnen dürfte. Es gibt nur ein wenig Neues, das sich aus den erweiterten Elementen der Vergangenheit gestaltet. Und die echte Sehnsucht muß stets produktiv sein, ein Neues, Besseres zu erschaffen.
/ Johann Wolfgang von Goethe

☆

Die Pferde des Fortschritts galoppieren, doch die Esel der Erfahrung schreiten langsam. */ Dr. Jürgen Miethke*

59

VOLL GUT

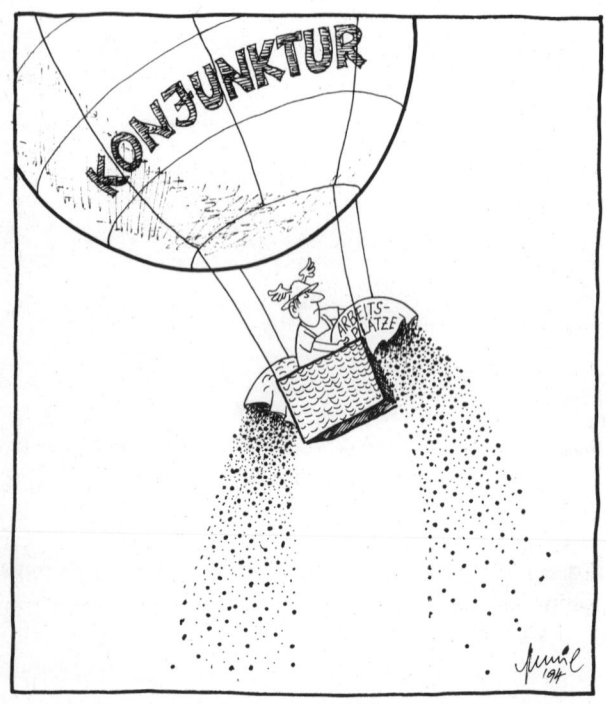

(aus Frankfurter Rundschau)

Konjunkturen kommen, Konjunkturen gehen. Wer in der Hausse nicht zugreift, hat in der Baisse nichts zuzusetzen.
/ *Interfinanz*

☆

Nimm den Wind, wie er bläst, den Regen, wie er fällt, die Frau, wie sie ist, die Konjunktur, wie sie stottert.

☆

Die 4 Jahreszeiten des Konjunkturablaufs: Frühjahrsmüdigkeit ... Herbstkrise ... Sommerflaute ... Winterschlaf

Konjunktur

Krise kann ein produktiver Zustand sein. Man muß ihm nur den Beigeschmack der Katastrophe nehmen.

/ *Max Frisch*

☆

Im Konjunkturgraben erscheint jeder Hügel wie ein Mont Everest.

☆

Regen und Sturm gehören genauso zu einem guten Klima wie Sonnenschein.

☆

Nach jedem Berg kommt ein Tal, nach jedem Tal kommt ein Berg.

/ *Konfuzius*

☆

Die Zukunft ist meist schon da, bevor wir ihr gewachsen sind.

/ *John Steinbeck*

☆

Das sinnlose Wühlen in der Vergangenheit ist oft eine Verdrängung der Gegenwart.

/ *Dr. Paul Oesterreicher*

☆

Die Zeiten werden immer besser und besser . . . allerdings nur im Sport.

☆

Bis jetzt haben wir uns an das gewöhnt, was die Zukunft brachte, richten wir uns nun auf das ein, was sie nehmen wird.

☆

Um klar zu sehen, genügt ein Wechsel der Blickrichtung.

/ *Antoine de Saint-Exupéry*

VOLL GUT

Die Zukunft kommt in Raten, das ist das Erträgliche an
ihr. / *Alfred Polgar*

☆

Wer die Zukunft als Gegenwart empfindet, geht in die
falsche Richtung.

☆

Zwischen zu früh und zu spät liegt immer nur ein Augenblick. / *Franz Werfel*

☆

Wer nicht an Wunder glaubt, ist ein Realist.
/ *Arabisches Sprichwort*

☆

Auch der Zufall ist nicht unergründlich – er hat seine Re-
gelmäßigkeit. / *Novalis*

☆

Es führen viele Wege zum Gipfel des Berges, doch die
Aussicht bleibt die gleiche. / *Chinesisches Sprichwort*

☆

Die Vergangenheit soll ein Sprungbrett sein, nicht ein
Sofa. / *Harold Macmillan*

☆

Eine frohe Hoffnung ist mehr wert als zehn trockene
Wirklichkeiten. / *Franz Grillparzer*

☆

Es ist besser, Deiche zu bauen, als darauf zu hoffen,
daß die Flut allmählich Vernunft annimmt. / *Hans Kasper*

━━━━━━━━━◆●◆━━━━━━━━

Prognose

Seltsam ist Propheten Lied,
doppelt seltsam, was ge-
schieht.

*/ Goethe, Weissagungen der
Bakis*

☆

Aufwärts geht es, wenn
die Konjunkturprognosen
wenigstens die Qualität
von Wettervorhersagen er-
reicht haben.

☆

Geübte Propheten warten
die Ereignisse ab.

/ Horace Walpole

☆

Zehn Prozent mehr Genau-
igkeit können huntert Prozent mehr Erfolg bedeuten.

☆

Die Statistik ist eine große
Lüge, die aus lauter kleinen
Wahrheiten besteht.

/ Lionel Strachey

☆

Ökonomische Gesetze haben ihre Wege, um sich gegen die Illusionen durchzusetzen. */ Fritz Machlup*

☆

Wenn es besser kommt als vorausgesagt, verzeiht man
sogar den falschen Propheten.

63

VOLL GUT

Das Unheil naht oft nicht mit Donnergewalt, sondern mit den Trippelschritten der Taube.

☆

Die Zeit erkennen, das heißt, die Vergangenheit und die Gegenwart richtig begreifen.

☆

Nichts ist unmöglich, alles wahrscheinlich, das Dümmste gewiß.

☆

Wir müssen darauf achten, daß unsere Aussagen nicht so von heute sind, daß sie morgen schon von gestern sind. / Bischof Lettmann

☆

Die Gegenwart ist das Bargeld der Zukunft.
/ Werner Mitsch

☆

Wir können die Zukunft nicht planen. Je genauer wir planen, desto härter trifft uns der Zufall. / Springer

☆

Es ist schwer, etwas Gültiges zu sagen in einer Zeit, die nichts gelten lassen will.

☆

Die zuverlässigste Art, die Zukunft zu sehen, ist das Verstehen der Gegenwart. / Naisbitt

☆

Futurologen sind Leute, die die Zukunft taufen, obwohl sie noch gar nicht geboren ist. / Robert Rocca

Prognose

Über Vergangenes mach dir keine Sorgen, dem Kommenden wende dich zu.   */Chinesische Weisheit*

☆

Das Vergangene ist nie tot. Es ist nicht einmal vergangen.   */Faulkner*

☆

Wer seine Vergangenheit nicht kennt, kann keine Zukunft gestalten.

☆

In jedem Winter steckt ein zitternder Frühling und hinter dem Schleier jeder Nacht verbirgt sich ein lächelnder Morgen.   */Gibran Kahlil*

☆

Aus der Betrachtung des Gewesenen und des Gewordenen erwächst die Einsicht in die Aufgaben der Gegenwart.   */Johann Wolfgang von Goethe*

☆

Dreifach ist der Schritt der Zeit: Zögernd kommt die Zukunft hergezogen, pfeilschnell ist das Jetzt verflogen, ewig still steht die Vergangenheit.   */Friedrich Schiller*

☆

Verstehen können wir das Leben, wenn wir in die Vergangenheit blicken – aber Leben müssen wir es in der Zukunft.   */P. Eipper*

VOLL GUT

Comme Sisyphe.

Die Bilanz ist das Jahreszeugnis des Managers.

/ Helmar Nahr

☆

Wenn's alte Jahr erfolgreich war, dann freue dich auf's neue! Und war es schlecht – ja dann erst recht!

☆

Eine gute Bilanz ist immer besser als das Zahlenwerk, eine schlechte immer schlechter.

Bilanz

Bilanzen sind eigentlich überflüssig: das Ergebnis ist immer bekannt, die Passiva sind so groß wie die Aktiva.

☆

Gut ist nicht gut genug, wenn Besseres erwartet wurde.
/ Thomas Fuller

☆

Oft bleibt die Frage tiefer als die Antwort.
/ Carl Jacob Burckhardt

☆

Glaub keiner Bilanz, die du nicht selbst gefälscht hast.

☆

Frag nur vernünftig, und du hörst Vernünftiges.
/ Euripides

☆

Wissen ist gut, Sehen ist besser.   */ Hugh Hefner*

☆

Rote Zahlen sind durch rote Fahnen nicht zu entschuldigen.

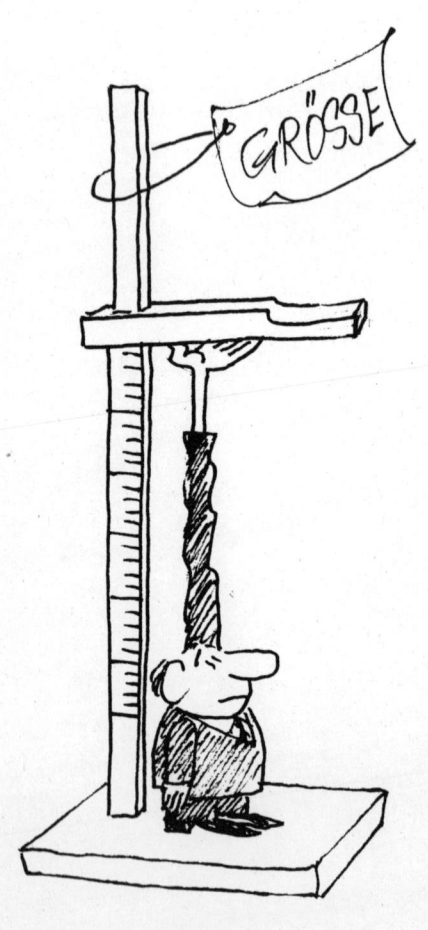

Management

Wer den Tag mit einer guten Idee beginnt, hat das Beste noch vor sich.

☆

Wenn Du ein Schiff bauen willst, so trommle nicht die Männer zusammen, um Holz zu beschaffen und Werkzeuge vorzubereiten ... sondern lehre sie die Sehnsucht nach dem weiten Meer.   */A. de Saint Exupéry*

☆

Fürchte Dich nicht vor dem langsamen Vorwärts, fürchte Dich nur vor dem Stehen bleiben.
/ Chinesische Weisheit

☆

Es steigt der Mut mit der Gelassenheit.
/ William Shakespeare

☆

Eine in Hektik getroffene Entscheidung ist oft schon der erste Schritt auf dem Holzweg.   */ Sten Nadolny*

☆

Es ist nicht genug, zu wissen, man muß es auch anwenden; es ist nicht genug zu wollen, man muß es auch tun.
/ Johann Wolfgang von Goethe

☆

Planung – Ersatz des Zufalls durch den Irrtum.
/ Depfa-Kalender

☆

Es ist nicht so wichtig, seine Grenzen zu kennen, als sie zu erweitern.   */ Nikolas Enkelmann*

VOLL GUT

Motivation ist wie das Doping im Sport – man spürt den Schmerz nicht mehr.
/ Reinhard Sprenger

☆

Wer heute den Kopf in den Sand steckt, knirscht morgen mit den Zähnen.

☆

Natürlich kann ich die Zukunft nicht vorhersagen. Aber ich kann sie erfinden. Überspitzt ausgedrückt würde ich sogar behaupten: Die Zukunft ist das, was wir aus ihr machen – eine strategische Entscheidung. Und darum hat jedes Unternehmen genau die Zukunft, die es auch verdient.
/ Johannes S., Software-Entwickler

☆

Viele Male schaut der Wille durchs Fenster, ehe die Tat durch das Tor schreitet.
/ Erasmus von Rotterdam

☆

Den Wind kann man nicht verbieten, aber man kann Mühlen bauen.
/ Holländischer Spruch

☆

Ein voller Terminkalender ist der sicherste Schutz vor privaten Problemen.

☆

Gravitätisches Auftreten ist ein Geheimnis des Körpers, erfunden um die Mängel des Geistes zu verbergen.
/ François de La Rochefoucauld

☆

Es ist schwierig, etwas zu sein und gleichzeitig danach auszusehen.
/ Jean Cocteau

Management

Wer auf morgen wartet, wird übermorgen erkennen, daß er heute versäumt hat, das Notwendige zu tun.

☆

Auch wenn es spitzfindig klingt: Der Weg ist das Ziel. Wenn ich mein Ziel wirklich vor Augen habe, finde ich von allein den richtigen Weg. Und bin ich auf dem richtigen Weg, gelange ich auch ans Ziel.

/ Martina F., Einzelhandels-Filialistin

☆

Es ist ein Vergnügen anzusehen, wie blind die Menschen für ihre eigenen Sünden sind und wie heftig sie die Laster verfolgen, die sie selbst nicht haben.

/ Machiavelli

☆

Der den Umständen am besten Angepaßte überlebt, nicht der Stärkste.

☆

Wenn die Theorie auf die Erfahrung warten sollte, käme sie nie zustande. / Novalis

☆

Management-Methoden:

Management by Helicopter – über allem schweben, von Zeit zu Zeit auf den Boden kommen, viel Staub aufwirbeln und dann wieder nach oben.

Management by Pingpong – jeden Vorgang so lange zurück- oder weitergeben, bis er sich von selbst erledigt.

VOLL GUT

Management by Robinson – alle warten auf Freitag.

☆

Management by Champignon – Konkurrenten im Dunklen wachsen lassen, dann Kopf ab.

Management

Das Herodes-Prinzip der Manager: Suchen Sie nach dem am besten geeigneten Nachfolger und sorgen dann dafür, daß er gefeuert wird.

☆

Erfolg ist etwas Sein, etwas Schein und sehr viel Schwein.

☆

Was braucht man, um erfolgreich zu sein? Unwissenheit und Selbstvertrauen. */Marc Twain*

☆

Unruhe in den Gedanken, Ruhe in der Umsetzung.
/ Goeudevert

☆

Wer nicht bereit ist, das Ufer lange Zeit aus den Augen zu verlieren, wird niemals neue Länder entdecken.
/ André Gide

☆

Der Langsamste, der sein Ziel nicht aus den Augen verliert, geht immer noch geschwinder als jener, der ohne Ziel umherirrt. */ Gotthold Ephraim Lessing*

☆

Ein Angler wartet bis die Fische beißen, und jagt nicht schwimmend hinter ihnen her. Mit Hetze läßt sich trefflich Kraft verschleißen – Geduld erreicht am Ende immer mehr. */ Karl Heinz Söhlher*

VOLL GUT

Grüße jeden Dummen,
es könnte morgen Dein Vorgesetzter sein.

Management-Grundsätze prominenter deutscher Firmen

- Besser wissen ist leichter,
  als besser machen.

- Wer schon die Übersicht verloren hat,
  der sollte wenigstens den Mut zur Entscheidung
  haben.

- Gefährlich wird es,
  wenn die Dummen fleißig werden.

- Aktionsplan bedeutet: Überbieten ohne zu erfüllen!

- Jeder macht was er will;
  keiner macht, was er soll;
  aber alle machen mit.

- An der Spitze stehen,
  ist immer noch zu weit hinten.

- Wo wir sind, klappt nichts;
  doch wir können nicht überall sein.

- Was heute nicht richtig ist,
  kann morgen ganz falsch sein.

- Tüchtigkeit ist intelligente Faulheit.

- Unser Verstand ist unser Vermögen,
  aber Armut schändet nicht.

Management

- So wie wir heute leben,
  haben wir nie gearbeitet.

- Es genügt nicht, keine Gedanken zu haben,
  man muß auch fähig sein, sie auszudrücken.

- Egal wo es hinführt,
  wir marschieren vorwärts.

- Zu allem Fähig,
  aber zu nichts zu gebrauchen.

- Jeder kann werden was er will,
  ob er will oder nicht.

- Wo wir sind, ist vorn
  und wenn wir hinten sind, ist hinten vorn.

- Keiner ist unnütz,
  er kann immer noch als schlechtes Beispiel dienen.

- Man sagt, es gibt keine Probleme,
  aber wo wir sind, gibt es immer welche.

- Wissen ist Macht,
  nichts wissen macht auch nichts.

- Alle Sünden kann man verzeihen,
  nur die Dummheit nicht.

- Damit immer mehr immer weniger zu tun brauchen,
  müssen immer weniger immer mehr tun.

- Operative Hektik ersetzt geistige Windstille.

VOLL GUT

- Wir wissen zwar nicht wo wir hin wollen, werden aber als erste dasein.

- Vergangenes Jahr standen wir vor einem Abgrund; dieses Jahr wollen wir einen großen Schritt vorwärts tun.

- Schwach anfangen und stark nachlassen.

- Noch einen Schritt nach vorn und wir sind über'm Berg

Erfolg

Die Chance klopft öfters an, als man meint, aber meistens ist niemand zu Hause.　　　　　/ Will Rogers

☆

Erfolg stellt sich ein, wenn man mehr tut als nötig. Und das immer.　　　　　/ Lothar Schmidt

☆

Fordere viel von dir selbst und erwarte wenig von anderen.　　　　　/ Konfuzius

☆

Der Erfolg hat viele Väter, der Mißerfolg keine.

☆

Dein Erfolg enthält immer etwas, das selbst Deinem besten Freund mißfällt.　　　　　/ Oscar Wilde

☆

Alles Gelingen hat sein Geheimnis, alles Mißlingen seine Gründe.　　　　　/ Joachim Kaiser

☆

Mißerfolg ist die Chance, es beim nächsten Mal besser zu machen.　　　　　/ Henry Ford

☆

Was gut durchdacht und vorbereitet, ist meistens von Erfolg begleitet.　　　　　/ Oskar Stork

☆

Wer erfolgreich sein will, muß umdenken. Und zwar denken, bis es weh tut. / Roy Herbert Lord Thomson of Fleet

☆

Wer Ausdauer besitzt, ist schon fast am Ziel.
　　　　　/ Ernst R. Hauschka

VOLL GUT

Lang ist der Weg durch Lehren, kurz und erfolgreich Beispiele.   */Seneca*

☆

Gefährlich sind jene, die um eine Nummer zu klein denken und um eine Nummer zu groß handeln.

☆

Wer sich am wenigsten auf das Glück verläßt, behauptet sich am besten.

☆

Der Unterschied zwischen Erfolg und Mißerfolg ist der Unterschied zwischen Richtigtun und Fast-Richtigtun.
/ Edward Simmons

☆

Erfolg ist so ziemlich das letzte, was einem vergeben wird.   */ Truman Capote*

☆

Jeder Erfolg, den man erzielt, schafft uns einen Feind. Man muß mittelmäßig sein, wenn man beliebt sein will.

☆

Schmeicheleien kann man kaufen, Neid muß man sich verdienen.

☆

Wenn einer das Gefühl hat, zu früh aufgehört zu haben, leidet er mehr, als wenn er in der Endphase ein bißchen stolpert.   */ Franz Beckenbauer*

☆

Das Erfolgsrezept moderner Verbandssyndici: Dynamische . . . Stagnation . . . auf hohem Niveau.

Karriere

An der Spitze ist immer Platz.   */Daniel Webster*

☆

Mit jeder Sprosse, die man erklimmt, schwankt die Leiter mehr.   */Hellmut Walters*

☆

Man kann niemanden überholen, in dessen Fußstapfen man tritt.

☆

Man muß nicht unbedingt das Licht des anderen ausblasen, damit das eigene recht hell leuchtet.
/ aus Griechenland

☆

Am sichersten macht man Karriere, wenn man anderen den Eindruck vermittelt, es sei für sie von Nutzen, einem zu helfen.   */La Bruyere*

☆

Mancher hat durch würdevolles Wesen und durch seine arrogante Art das Geheimnis seiner Dummheit bis zum Tode bewahrt.

☆

Den Charakter eines Menschen erkennt man erst dann: wenn er Vorgesetzter geworden ist.
/ Erich Maria Remarque

☆

Wer kriecht, kann nicht stolpern.

☆

Wer nichts wird – wird Wirt, und wem auch dieses nicht gelungen, macht in Versicherungen.

VOLL GUT

Es spricht häufig gegen die Qualität des Vorgesetzten, wenn er in Einzelheiten zu gut Bescheid weiß.

/ namhafter Unternehmensberater

☆

Es ist immer die Leistung, die bestimmt, wer zur Elite zählt.

/ Ludwig Marcuse

☆

Wer zart besaitet ist, kann nie die erste Geige spielen.

/ Gerd Uhlenbruck

Der Mensch

Die Schwachen kämpfen nicht. Die Stärkeren kämpfen vielleicht eine Stunde lang. Die noch stärker sind, kämpfen viele Jahre. Aber die Stärksten kämpfen ihr Leben lang. Diese sind unentbehrlich. */Bertholt Brecht*

☆

Wer im 20. Jahr nicht schön, im 30. Jahr nicht stark, im 40. nicht klug und im 50. nicht reich ist, der hat dies auch später nicht mehr zu erwarten. */Martin Luther*

☆

Nicht der Titel verleiht dem Mann Glanz, sondern der Mann dem Titel. */Machiavelli*

☆

Das Leben ist eine Tragödie für die, die fühlen, und eine Komödie für die, die denken.

☆

Das Leben ist eine Tragödie, in der wir eine Weile als Zuschauer sitzen und dann unsere Rolle spielen.

☆

Die leichteste Art gelobt zu werden, ist zu sterben. */Indianisches Sprichwort*

☆

Abschied: Er hat versucht sein Bestes zu geben, aber es hat nicht ausgereicht. */Arthur Köstler*

☆

Man muß stark und glücklich sein, um den Unglücklichen helfen zu können. */Albert Camus*

VOLL GUT

Die junge Generation hat auch heute noch Respekt vor dem Alter. Allerdings nur beim Wein, beim Whisky und bei den Möbeln. */Truman Capote*

☆

Es kommt nicht darauf an, dem Leben mehr Jahre zu geben, sondern den Jahren mehr Leben. */Alexis Carrel*

☆

Das Leben ist ein Spiel, in dem Gott die Karten mischt, der Teufel abhebt und wir die Stiche machen müssen.
/Jugoslawisches Sprichwort

☆

Der Mensch lernt zuerst laufen und sprechen. Später lernt er stillsitzen und schweigen. */Pagnol*

☆

Das Leben besteht nicht darin, gute Karten zu kriegen, sondern mit den Karten gut zu spielen.

☆

Besser ein schweres Leben als ein leeres Leben.
/Amalie Dietrich

☆

Das Leben gehört den Lebendigen, und wer lebt, muß Fehler machen. */Johann Wolfgang von Goethe*

☆

Der Mensch sollte sich selbst immer als ein Experiment der Natur betrachten. */Christian Friedrich Hebbel*

☆

Moralisten sind Menschen, die sich dort kratzen, wo es andere juckt. */Samuel Beckett*

Der Mensch

Weise ist der Mensch, der nicht den Dingen nachtrauert, die er nicht besitzt, sondern sich der Dinge erfreut, die er hat.
/ Epiktet

☆

Der Mensch balanciert auf des Messers Schneide, zwischen glorioser Zukunft und Sturz in die Hölle.

☆

Ein Gott ist der Mensch – wenn er träumt, ein Bettler, wenn er nachdenkt.
/ Hölderlin

☆

Das ganze Leben ist ein ewiges Wiederanfangen.
/ Hugo von Hofmannsthal

☆

Jeder Mensch hat von Natur aus den Drang, sich um Dinge zu kümmern, die ihn nichts angehen.
/ Ustinov

☆

Wir leben in einer Zeit, worin ein Narr viele Narren, aber ein weiser Mann nur wenige weise macht.

☆

Du kannst dein Leben nicht verlängern, noch verbreitern, nur vertiefen.

☆

Menschen stolpern nicht über Berge, sondern über Maulwurfshügel.
/ Konfuzius

☆

Unser Kopf ist rund, damit das Denken die Richtung wechseln kann.
/ Francis Picabia

VOLL GUT

Die wichtigste Lehre der Geschichte ist, daß der Mensch nicht sehr viel aus der Geschichte lernt. */Huxley*

☆

Wer ständig glücklich sein möchte, muß sich oft verändern. */Konfuzius*

☆

Die Kunst des Lebens: Leicht zu leben ohne Leichtsinn, heiter zu leben ohne Ausgelassenheit, Mut zu haben ohne Übermut, Vertrauen und freudige Erregung zeigen ohne Fatalismus. */Tietmeyer*

☆

Humanität besteht darin, daß ein Mensch nie einem Zweck geopfert wird. */Albert Schweitzer*

☆

Fang jetzt zu leben an und zähle jeden Tag als ein Leben für sich. */Seneca*

☆

Es ist jedenfalls besser, ein eckiges Etwas zu sein, als ein rundes Nichts. */Hebbel*

☆

Einige Menschen fangen Fische, andere trüben nur das Wasser. */fernöstliche Weisheit*

☆

Altsein heißt für mich immer: Fünfzehn Jahre älter als ich. */Bernhard Mannes Baruch*

☆

Die Dummen sind so sicher und die Gescheiten so voller Zweifel. */B. Russell*

Der Mensch

Sekretärinnen haben selten Vollmacht, dafür aber oftmals Allmacht.

/ Arthur Miller

☆

Leben kann man nur vorwärts, das Leben verstehen nur rückwärts.

/ S. Kierkegaard

Ein bißchen Güte von Mensch zu Mensch ist besser als alle Liebe zur Menschheit.

/ Richard Dehmel

☆

Viele Menschen versäumen das kleine Glück, während sie auf das große vergebens warten.

/Pearl S. Buck

VOLL GUT

Mehr als drei Chancen hat kein Mensch. */Helmut Lang*

☆

Durch zerlumpte Kleider sieht man die kleinsten Laster;
lange Röcke und Pelzmäntel verbergen alles.

/Shakespeare

☆

Du klagst mit unzufriednem Geist, daß Dich das Glück
so kärglich speist? Setz' Deinen Wünschen nur ein Ziel!
Wer viel begehrt, dem mangelt viel. */Schubart*

☆

Im Menschen von heute gibt es immer noch die gleiche
Quelle der Güte und Großherzigkeit, aber auch der
Bösartigkeit wie vor zweitausend Jahren.

/Albert Schweitzer

☆

Wir können unser Geschlecht bis zu Kaiser Barbarossa
zurückverfolgen! Und wie alt ist Ihre Familie?
Schwer zu sagen: Alle unsere Unterlagen gingen bei
der Sintflut verloren. */aus Depfa-Kalender*

☆

Risiko ist die Bugwelle des Erfolgs
/Carl Amery, bayerischer Schriftsteller

Arbeit

Arbeite, als ob Du hunderte Jahre alt werden würdest, bete aber, als ob Du morgen sterben müßtest.   */Depfa*

☆

. . . folglich kuriert Arbeit viele Narren, und in der arbeitenden dürftigen Klasse finden sich auch die wenigsten Narren, wohl aber unter Reichen, Mächtigen und Müßigen.   */Karl Julius Weber*

☆

Innige und einfältige Arbeit ist die Wurzel dieses Lebens.   */Rainer Maria Rilke*

☆

Denken ist die schwerste Arbeit die es gibt. Das ist wahrscheinlich auch der Grund, daß sich so wenig Leute damit beschäftigen.   */Henry Ford*

☆

Die Arbeit ist etwas Unnatürliches. Die Faulheit allein ist göttlich.   */Anatole France*

☆

Ein Mensch, der kein Eigentum erwerben darf, kann auch kein anderes Interesse haben, als so viel wie möglich zu essen und so wenig wie möglich zu arbeiten.   */Adam Smith*

☆

Paradies ist, wenn die Arbeit, die ich gerade mache, genauso hell leuchtet wie die Sonne, in der ich gerade sitze.   */Gerd Gerken*

☆

Jeder ist berufen, etwas in der Welt zur Vollendung zu bringen.   */Martin Buber*

VOLL GUT

Sich hinzusetzen und nachzudenken ist eine echte
Knochenarbeit. */Prinz Charles*

☆

Nach viel Feiertag kommt selten ein guter Werktag.
/ aus Depfa-Kalender

☆

Arbeite langsam, der Staat braucht gesunde Rentner.

☆

Ein Gramm Arbeit wiegt mehr als ein Kilogramm Worte.

☆

Gott hat dem Menschen die Zeit gegeben, von Eile hat
er nichts gesagt. */ Finnisches Sprichwort*

Arbeit

Wer selbst arbeitet, verliert die Übersicht.

/ Kroatisches Sprichwort

☆

Arbeits-Moral: Ich lebe lieber zufrieden von der Sozialhilfe als unzufrieden von 5000 Mark im Monat. Und nebenher kann ich mir immer etwas dazuverdienen.

/ Wolfgang Wachtberg, arbeitsloser Akademiker

☆

Wenn man sechzehn Stunden täglich angestrengt studiert, hat man die Chance, mit sechzig Jahren so klug zu sein, wie man mit zwanzig glaubte zu sein.

/ Mary Wilson Little

☆

Muttertag: Der Feiertag für den rechtlosesten Arbeitnehmer der Welt

/ aus Depfa-Kalender

Was wir wissen, ist ein Tropfen, was wir nicht wissen,
ein Ozean.   / Isaac Newton

Medien

Das mächtigste Hirngespinst ist die öffentliche Meinung – Niemand weiß genau, wer sie macht, niemand hat sie je persönlich kennengelernt, aber alle lassen sich von ihr tyrannisieren. */Groff*

☆

Die Presse hat auch die Aufgabe, das Gras zu mähen, das über etwas zu wachsen droht. */A. Polgar*

☆

Auch unter den Journalisten gibt es Vögel, die plötzlich anders singen, wenn sich der Wind dreht. Wir nennen sie Nachtigallen. */Andrej Mikloschewski*

☆

Ein vorsichtiger Journalist schreibt seine Artikel immer in 2 Versionen, einer positiven und einer negativen. Man weiß ja nie, wie die Wahl ausgeht.

☆

Journalisten sind Leute, die über Aktuelles unbefangen schreiben und über bürgerliche Ehren spotten. Dann werden sie Publizisten, schreiben über Ewiges bedeutsam und nehmen bürgerliche Ehren an.
/ Johannes Gross, Publizist

☆

Die Demoskopie ist die Wetterfahne, nicht der Wind. Demoskopen sollten daher nicht versuchen, Wind zu erzeugen. */Renato Pezzi*

☆

Die meisten Menschen haben keine Meinung; sie muß von außen in sie hineingepreßt werden wie das Schmieröl in die Maschine. */Jose Ortega y Gasset*

VOLL GUT

Jeder, der lobt, fürchtet heute, für dumm gehalten zu werden. Jeder, der tadelt, ist sicher, für klug gehalten zu werden.
/ Jean Cocteau

☆

Jede Zeitungsnummer ist heute die Bühne eines großen Dramas.
/ KND

☆

Die Kritik ist eine Steuer, die der Neid dem Talent auferlegt.

☆

Journalisten müssen die Wachhunde des Bürgers, nicht die Schoßhunde der Mächtigen sein.
/ Gruber

☆

Wer Tag für Tag mit Informationen überflutet wird, verliert den Sinn für das Wesentliche.
/ Gertrude Stein

☆

Wissen ist Macht.
/ Brancis Bacon

☆

Die Alten glauben alles ... Die Gereiften mißtrauen allem ... Die Jungen wissen alles.
/ Oscar Wilde

☆

Gewöhnlich ist der im Leben Erfolgreichste auch der Bestinformierte.
/ Benjamin Disraeli

☆

Wenn du eine weise Antwort verlangst, mußt du vernünftig fragen.
/ Johann Wolfgang von Goethe

Medien

Die Wahrheit erkennt man am besten an den Dementis.
/ Jean Cau

☆

Journalistische Falschmünzer: Sie haben die Falschmeldung exklusiv und das Dementi für sich allein. */G. Czerwensky*

☆

Durch Sagen und Wiedersagen wird ein Geheimnis durch die Stadt getragen. */Deutsches Sprichwort*

☆

Manche Leute drücken nur deshalb ein Auge zu, damit sie besser zielen können. */B. Wilder*

☆

Worte sind die mächtigste Droge, welche die Menschheit benutzt. */Kipling*

☆

Ich fürchte drei Zeitungen mehr als hunderttausend Bajonette. */Napoleon*

☆

Die Juden und die Ausländer glauben, daß die Deutschen sich nur zu ihnen schlecht benehmen, aber es ist nicht wahr. Sie verhalten sich zueinander noch schlechter. */Lea Fleischmann*

☆

Vom Wahrsagen läßt sich wohl leben in der Welt, nicht aber vom die Wahrheit sagen. */Lichtenberg*

VOLL GUT

Es ist leicht, ein Werk zu kritisieren. Aber es ist schwer, es zu würdigen. */Vauvenargues*

☆

Die Originale verschwinden. Wir selbst werden allmählich nur noch Kopien von irgendwem und irgendwas. */aus Depfa-Kalender*

☆

Wenn Worte ihre Bedeutung verlieren, verlieren Menschen ihre Freiheit. */Konfuzius*

☆

Halbe Wahrheiten verbürgen ganze Mißerfolge. */Rudolf Augstein*

☆

Die deutsche Sprache ist die tiefste, die deutsche Rede die seichteste. */Karl Kraus*

☆

Wenn ein Volk nicht auf die Sauberkeit seiner Sprache achtet, ist das, als ob es mit schmutzigen Fingernägeln herumliefe. */Wolf Schneider*

☆

Ein Regierungssprecher ist ein Mann, der sich 100 Blätter vor den Mund nimmt. */Alfred Oder*

☆

Regierungssprecher sind wie Wasserspeier an alten Kathedralen. Man bestaunt ihren kunstvollen Strahl und vergißt dabei, daß es ganz gewöhnliches Wasser ist. */Romain Gary*

Das Buch

Es geht den Büchern wie den Jungfrauen. Gerade die besten, die würdigsten bleiben oft am längsten sitzen. Aber endlich kommt doch einer, der sie erkennt und aus dem Dunkel der Verborgenheit an das Licht eines schönen Wirkungskreises hervorzieht.   */Ludwig Feuerbach*

☆

Bücher sind bessere Freunde als Menschen; denn sie reden nur, wenn wir wollen, und schweigen, wenn wir anderes vorhaben. Sie geben immer und fordern nie.

/ Freiherr von Münchhausen

☆

Es ist ein großer Unterschied, ob ich lese zu Genuß und Belebung oder zu Erkenntnis und Belehrung.   */Goethe*

☆

Besser als die Unwissenden sind die, die Bücher lesen; besser als diese sind die, die das Gelesene behalten; noch besser sind die, die es begreifen; am besten sind die, die an die Arbeit gehen.

☆

Je besser das Buch ist, desto weniger Chancen hat es, verkauft zu werden.   */Honoré de Balzac*

☆

Nicht beim Kauf, beim Lesen gehen Bücher in unser Eigentum über.   */Rupert Schützbach*

☆

Es gibt weder moralische noch unmoralische Bücher. Bücher sind gut oder schlecht geschrieben, nichts sonst.   */Oscar Wilde*

VOLL GUT

Die Poeten schreiben alle, als wären sie krank, und die ganze Welt ein Lazarett. */Johann Wolfgang von Goethe*

☆

Wer lesen kann, der ist niemals einsam. */Walter Jens*

Reich und arm

Genealogie: Die erste Generation verdient Geld, die zweite verwaltet Vermögen, die dritte studiert Kunstgeschichte, die vierte verkommt vollends.　　　／*Bismarck*

☆

Wer alles verjubelt vor seinem End, der macht das beste Testament.　　　／*aus Finanz + Wirtschaft*

☆

Es gibt keine größere Sünde als viele Wünsche.
　　　／*Laotse*

☆

Wer über die genaue Höhe seines Vermögens ständig im Bilde ist, hat nicht genug.　　　／*Bernd F. Lunkewitz*

☆

Die Reichen müßten sehr glücklich sein, wenn sie nur halb so glücklich wären, wie die Armen glauben.

☆

Der Weg zum Reichtum liegt hauptsächlich in zwei Worten: Arbeit und Sparsamkeit.　　　／*Benjamin Franklin*

☆

Der eigentliche Sinn des Reichtums ist, freigiebig davon zu spenden.　　　／*Blaise Pascal*

☆

Den größten Reichtum hat, wer arm ist an Begierden.
　　　／*Seneca*

☆

Wohlstand ist das Durchgangsstadium von der Armut zur Unzufriedenheit.　　　／*Helmar Nahr*

VOLL GUT

Wer an einem Tag reich werden will, wird in einem Jahr gehängt.
/ Leonardo da Vinci

☆

Die Dinge haben nur den Wert, den man ihnen gibt.
/ Moliére

☆

Kein Reichtum geht über den Reichtum gesunder Glieder.
/ aus der Bibel

☆

Der Wege, sich zu bereichern sind viele, Sparsamkeit ist einer der besten.
/ Francis Bacon

☆

Die Einkünfte geben die Ehren.
/ Publius Ovidius Naso

(aus Süddeutsche Zeitung)

Ratgeber

Bei einem guten Vorstand ist der Aufsichtsrat überflüssig, bei einem schlechten ist er wertlos.   */Bamberger*

☆

Der Aufsichtsrat ist ein Rat, der in guten Zeiten nutzlos und in schlechten Zeiten hilflos ist.

☆

Von einem guten Rat zu profitieren, erfordert mehr Weisheit, als ihn zu geben.

☆

Der chief-economist: He knows 64 way of love, but he has no girl.

☆

Experten sind Leute, die sich nach Regeln irren.
/ Paul Valéry

☆

„Geld beruhigt." sagt der Volksmund. „Wenn es richtig angelegt ist." – bemerkt dazu der Bankfachmann.

☆

Bevor du einen Sachverständigen um Rat bittest, frage deinen Friseur.

☆

Die Philosophie der Vermögensberater: Eine Aktie, die fünf Prozent Rendite bringt, ist nichts wert. Bei zwei Prozent eine Anti-Inflationsanlage, mit einem Prozent eine Wachstumsaktie.

VOLL GUT

Könnten wir unsere Erfahrungen zum Selbstkosten-
preis verkaufen, so wären wir alle Millionäre.

/ A. van Buren

☆

Der ambivalente Wertpapierberater: Links blinken –
rechts fahren.

☆

Ein Experte ist ein Mann, der genau weiß, wie alles
kommen wird, und der hinterher genau sagen kann,
warum alles ganz anders gekommen ist. / Jack Lemmon

☆

Fachleute sind wie Geiger, die nur eine Saite auf ihrem
Instrument haben.

☆

Lieber ungenau und richtig, als genau und total falsch!

☆

Alles ist gut. Nur nicht immer, nur nicht überall, nur nicht
für alle. / Novalis

☆

Man kann alles besser machen, aber deshalb muß man
nicht alles schlechtmachen.

☆

Was alle hören wollen, ist in der Regel falsch.

/ Walter Rathenau

☆

Wer weiß, redet nicht. Wer redet, weiß nicht.

Ratgeber

Man gibt Ratschläge, aber die Ausführung bringt man keinem bei. */François de La Rochefoucauld*

☆

Zwar weiß ich viel, doch möcht' ich alles wissen.

/ Goethe, Faust

BÖRSENPROFI

Geld

Das Geld ist unser aller Lebensmittel. Ohne Geld kein Brot und keine Zeitung, keine Leinwand und kein Pinsel, kein Cello und kein Cembalo. Ohne Geld keine Kathedrale und kein Katalysator, kein Umweltschutz und kein philosophischer Lehrstuhl. Geld ist so lebensnotwendig wie Sauerstoff.

☆

Zweierlei ist ohne Geld nicht möglich: Volkswohlstand und soziale Gerechtigkeit. Zweierlei ist durch nichts mehr gefährdet als durch Geld: Volkswohlstand und soziale Gerechtigkeit.

☆

Die Bewegungen des Geldes sind die sicherste Wetterfahne der Politik. */Aldo Marinelli*

☆

Nationalökonomie ist, wenn die Leute sich wundern, warum sie kein Geld haben. Das hat mehrere Gründe; die feinsten sind die wissenschaftlichen. */Tucholsky*

☆

Geld ist die einzige Macht, auf die Verlaß ist. */Madonna*

☆

Wer sich auf das Geld versteht, versteht sich auf die Zeit. */Goethe*

☆

Das Geld hat noch keinen reich gemacht. */Seneca*

☆

Das Geld, das man besitzt, ist das Mittel zur Freiheit; dasjenige, dem man nachjagt, das Mittel zur Knechtschaft. */Jean-Jacques Rousseau*

VOLL GUT

Das einzige, was man ohne Geld machen kann, sind Schulden.
/ *Heinz Schenk*

☆

Geld hat für mich die Bedeutung eines Düngemittels!
/ *Meryl Streep*

☆

Time is money. In der Tat! Wer wenig Zeit hat, hat meistens auch wenig Geld.
/ *Max Haeberlein*

☆

Mit Geld, Latein und einem guten Gaul kommt man durch ganz Europa.

☆

Verfüge nie über Geld, ehe Du es hast.
/ *Thomas Jefferson*

☆

Geld ist nichts, aber viel Geld, das ist etwas anderes.
/ *George Bernard Shaw*

☆

Es gibt tausend Gründe, warum sich ein Mensch als Unternehmer selbständig macht. Geld ist sicher nicht der schlechteste.
/ *Peter A., Steuerberater*

☆

Nenne Dich nicht arm, weil Deine Träume nicht in Erfüllung gegangen sind. Wirklich arm ist nur, wer nie geträumt hat.
/ *Marie von Ebner-Eschenbach*

☆

Geld ist immer da, nur die Taschen wechseln.
/ *Gertrude Stein*

Geld

Co op: Erst hatte ich das Geld und er (Otto) die Erfahrung. Jetzt hat er das Geld und ich die Erfahrung.

☆

Der ersparte Pfennig ist redlicher als der erworbene.
/ Martin Luther

☆

Das Geld ist am schnellsten beim Teufel, wenn man einen Engel kennenlernt. */ Robert Lembke*

☆

Wer den Wert des Geldes kennenlernen will, der versuche, sich welches zu borgen.

☆

Italiener sind Leute, die netto verdienen, aber brutto leben. */ Giuseppe Saragat*

☆

Mit dem Geld ist es wie mit den Frauen: Um es zu behalten, muß man sich schon darum kümmern.

☆

Ich glaube, daß auf die Dauer nichts so teuer ist wie das Geld. */ Juliette Greco*

☆

Ein Player am Londoner Futures-Markt: Ob long, ob short, das Geld ist immer fort!

☆

Niemand vermag zu sagen, wie viele politische Dummheiten durch Mangel an Geld schon verhindert worden sind. */ Talleyrand*

VOLL GUT

Geld hat keine Ohren, aber es kann hören – Geld hat keine Beine, aber es kann laufen.

☆

Keine Festung ist so stark, daß Geld sie nicht einnehmen könnte.
                                              / Cicero

☆

Geld ist der beste Köder, um nach Menschen zu fischen.

☆

Manche setzen ihr Geld aufs Spiel, als wäre es ein Bumerang.
                                    / Rupert Schützbach

☆

Die Menschen benehmen sich bei Geldangelegenheiten seltsamer als bei Liebesaffären.

☆

Endlich weiß ich, was den Menschen vom Tier unterscheidet: Geldsorgen.
                                          / Jules Renard

☆

Geld kann den Hunger nicht stillen, sondern ist im Gegenteil der Grund für Hunger. Denn wo reiche Leute sind, da ist alles teuer.
                                        / Martin Luther

Geld

Die 7 Lebensweisheiten:

Wenn ein Mann Geld verdienen will, ist er habgierig.

Wenn er das Geld hat, ist er ein Kapitalist.

Wenn er Geld ausgibt, ist er ein Verschwender.

Wenn er kein Geld verdient, ist er ein Taugenichts.

Wenn er sich nichts aus Geld macht, ist er ein Mann ohne Ehrgeiz.

Wenn er es ohne Arbeit verdient, ist er ein Parasit.

Und wenn er es nach einem Leben voll Mühe, Sorgen und Fleiß endlich besitzt,

nennt man ihn einen Narren, der von seinem Leben nichts gehabt hat.

Die Börse –
wohin der Hase läuft

Banker

Das Stoßgebet des Global-Bankers: Großer Trader im Himmel, geheiligt seien die Warrants, die aus Nippons Reich kommen. Dein Spiel geschehe – wie in Tokio, so in London. Unsere täglichen Umsatzmillionen gib uns heute und vergib uns unsere Fehlinvestments, wie auch wir vergeben unseren japanischen Brokern. Und führe uns nicht in illiquide Scheine, sondern erlöse uns von den Kindern, die in London den Handel machen. Denn Dein ist der Markt und die Performance und unser Reichtum in Ewigkeit.

☆

Warum die Bankiers so groß werden? Sie wachsen nicht, sie wuchern. */ Hermann Höcherl*

☆

Die Konsumenten sind die linke Hand des gesellschaftlichen Organismus, die Produzenten die rechte Hand, die Bankiers die Heimlichkeiten zwischen beiden.
/ Erich Kästner

☆

Heute spielen sich die wirklichen Abenteuer in der Hochfinanz ab. Das sind die wahren Helden unserer Zeit. */ Paul L. Sulitzer*

☆

Es gehört Talent zu allem, zum Borgen aber gehört Genie. */ Arthur von Gwinner*

☆

Wenn Sie einen Schweizer Bankier aus dem Fenster springen sehen, springen Sie ruhig hinterher. Es gibt bestimmt etwas zu verdienen. */ Voltaire*

☆

Vorstände sind unbestechlich, sie nehmen nicht einmal Vernunft an.

VOLL GUT

Banken sind gefährlicher als stehende Armeen.

/ *Thomas Jefferson*

☆

Die Kontrolle über den Kredit ist die Kontrolle über die gesamte Wirtschaft. / *Sinclair*

☆

Der Kredit ist eine durch reale Leistungen erzeugte Idee der Zuverlässigkeit. / *Johann Wolfgang von Goethe*

☆

Das Deutsch-Banker-Geheimnis: Ich habe Möglichkeiten, Geld zu machen, von denen Sie nichts wissen.

☆

Als erstes im Bankgeschäft lernt man den Respekt vor Nullen. / *Carl Fürstenberg*

☆

Eine Bank lebt von den schlechten Geschäften, die sie unterläßt.

☆

Der Privatbankier muß schlau sein wie der Fuchs, vertrauenswürdig wie der Beichtvater und Nerven haben wie Schiffstaue. / *Moritz Leiffmann*

☆

Die beste kurzfristige Erfolgsrechnung ist das Mienenspiel deines Bankdirektors. / *Helmar Nahr*

☆

Man sollte erkennen, daß hinter den Fassaden großer Finanzinstitute keine Musterknaben sitzen. / *Kostolany*

Banker

Ein Bankier ist ein Mensch, der einen Schirm verleiht, wenn die Sonne scheint, und der ihn sofort zurück haben will, wenn es zu regnen beginnt. */Mark Twain*

☆

Schild in einer Bank: Nichts trägt mehr zu Ihrem Prestige bei als ein Safe . . . und wenn Sie nur Ihren zweiten Safeschlüssel dort deponieren.

☆

Der aktuelle Wandspruch: Banker don't have to be smart, they have to be save.

☆

Wähle die richtige Bank; schon das ist ein gutes Investment.

☆

Die meisten tragen ihr Geld zur Bank, um es vor sich selbst in Sicherheit zu bringen. */S. Graff*

☆

Bankgeheimnis: Der Herr Bankkassierer legte ein Päckchen in den Tresor, schloß sorgfältig ab und sagte: Es muß net jeder wisse, was ich uff meim Brot hab'.

/Depfa

☆

Banker reden viel, wissen aber wenig. */Indianer-Spruch*

VOLL GUT

„Ich sehe ganz deutlich, wie Sie durch Czerwensky intern im neuen Jahr mit Renten zu sehr viel Geld kommen."

Geben Sie mir eine gute Regierung, die eine gute Politik macht, und wir haben eine gesunde Börse. /H. J. Abs

☆

Der Mensch sinkt hin, vergeht und schweigt; allein die Aktie hebt sich, schwebt und steigt. /S. B. Leacock

☆

Kaufen Sie Aktien, wenn die Kanonen schießen.
/Bankier Rotschild

☆

Das alte indianische Sprichwort: Schenke mir keine Fische, sondern zeige mir, wie man fischt.

Im Spiegel der Börsen

Wenn der Börsen-Zug auf dem falschen Gleis steht, erübrigt sich jede Diskussion über den Fahrplan.

☆

Das eigene Huhn hält jeder Anleger für eine Nachtigall.

☆

Grabstein-Inschrift: Hier liegt der Börsenhändler „Wichtig", sein Leben lang lag er schief, jetzt liegt er richtig.

☆

Die Börse ist der Probierstein für die Vorsichtigen und der Grabstein für die Vorwitzigen.

/ Karl Schiller, Ex-Bundesminister

☆

Besser von Picasso gemalt, als von der Börse gezeichnet.

☆

Alles an der Börse ist Unruhe, Reue und Wahn.

/ Don Joseph de la Vega

☆

Allzeit gewinnen macht verdächtig. Allzeit verlieren macht verächtlich.

☆

Wo der Gewinn ist, ist der Verlust nicht weit.

VOLL GUT

Wenn alle in einem Boot sitzen, ist es wichtig, am Ruder zu sein.

☆

Das traurige Lied vom Optionsschein

Zehn kleine Optionsscheine, die zogen mächtig rein, einen hab' ich nicht abgehedged, da warens nur noch neun.

Neun kleine Optionsscheine, die hatt' ich bis es kracht, dann kriegt' ich 'nen Depotauszug, da waren's nur noch acht.

Acht kleine Optionsscheine, die waren mir geblieben, der eine wurde ausgesetzt, da waren's nur noch sieben.

Sieben kleine Optionsscheine, die kamen in den Crash, der eine war 'nen degab-Tip, drum gab ich ihn schnell weg.

Im Spiegel der Börsen

Sechs kleine Optionsscheine, die hatt' ich schon als Pimpf,
die Kreditabteilung hat nein gesagt, da waren's nur noch fünf.

Fünf kleine Optionsscheine, die machten mich zum Tier,
als der Anruf aus der Perso kam, da waren's nur noch vier.

Vier kleine Optionsscheine, die waren der letzte Schrei,
der eine war 'nen Nikkei-Call, da warens nur noch drei.

Drei kleine Optionsscheine, die waren im Depot,
der eine lief auf Sojakeime, da waren's nur noch zwo.

Zwei kleine Optionsscheine, die wollte leider keiner,
der eine war von SNI, da war es nur noch einer.

Ein kleiner Optionsschein, den hatte ich noch short,
da liefen mir die Kurse weg, da war auch er hinfort.

☆

Ein Spekulant ist ein Mann, der ohne einen Pfennig Geld in der Tasche in einem Restaurant Austern bestellt, in der Hoffnung, mit einer Perle zahlen zu können.
/ Paul Getty

☆

Die Börse ist wie ein Paternoster. Es ist ungefährlich, durch den Keller zu fahren. Man muß nur die Nerven behalten.

☆

In case oft doubt, stay out.

VOLL GUT

Die Bahn der Himmelskörper kann ich auf Sekunde und Zentimeter genau bestimmen, aber nicht, wohin eine hysterische Menge einen Börsenkurs treibt.

/ Isaak Newton

☆

Wem die Börse ist zugetan, dem legt Eier selbst der Hahn.

☆

Der Kleinaktionär ist das Kanonenfutter des Wertpapierhandels.

/ Helmar Nahr

☆

Die Hausse gab Brot und Speck, nun nimmt's der Saddam wieder weg.

☆

Ach, daß der Mensch so häufig irrt und nie recht weiß, was kommen wird.

/ Wilhelm Busch

☆

Kopper zum „Realitätsverlust" der Aktienhändler: Ich bin nicht Sigmund Freud für Börsianer.

☆

Ein Prozent Glück bringt im Leben oft mehr als 10 Prozent Dividende.

/ Frank Sinatra

☆

Warum steigen Witwen- und Waisenpapiere? Weil es mehr Witwen und Waisen gibt als Aktien.

/ G. Czerwensky

☆

In jeder gutbürgerlichen französischen Familie schickt man den dümmsten Sohn zur Börse. Bestimmt hat das seine Gründe.

/ André Kostolany

116

Im Spiegel der Börsen

Die Börsenlektion:

– *Call Geld* ist kein täglich fälliges Börsengeld,
sondern Lohn leichter Damen.

– *Bull* ist kein Haussier an der Börse,
sondern ein Zuchttier.

– *Der Cambist* ist kein Geldwechsler,
sondern ein Mann, der im Zelt wohnt.

– *Damnum* ist kein Disagio,
sondern ein zentralafrikanischer Fluch.

– *Draft* ist keine Tratte,
sondern ein guter Schluck englischen Bieres.

– *„Gemeiner Wert"* ist kein steuerlicher Teilwert,
sondern das Gehalt.

– *Genußscheine* verbriefen keine Gewinne,
es sind in Wahrheit 500-Mark-Scheine.

– *Das „Grüne Heft"* enthält nicht die Allgemeinen Ge-
schäftsbedingungen der Bundesbank,
sondern die moderne Strategie der Roten.

– *Imaginärer Gewinn* ist nicht die Gewinnabsicherung
im Transportgeschäft,
sondern der Saldo aus Gehaltserhöhung und Infla-
tionsrate.

– *Der Komplementär* ist kein persönlich haftender Ge-
sellschafter,
sondern ein überfreundlicher Mensch.

VOLL GUT

– *Lombard* ist nicht die Beleihung von Werten,
sondern eine Provinz in Italien.

– *Paketzuschlag* ist kein Aufpreis für größere Aktien-
mengen,
sondern eine Gebührenerhöhung der Post.

– *Kux* ist kein Gewerkenanteil,
sondern ein Kreuz, das man trägt.

– *Konto per Diverse* (CpD) ist kein spezielles Sammel-
konto,
sondern abgezweigtes Geld für Freundinnen.

– *Verladepapiere* sind keine Frachtbriefe,
sondern Kündigungen.

– *Ein Wechsel* ist kein Zahlungsmittel,
sondern etwas zum Reiten.

Frauen

Heiratet auf jeden Fall! Kriegt ihr eine gute Frau, dann werdet ihr glücklich. Kriegt ihr eine böse, dann werdet ihr Philosophen, und auch das ist nützlich für einen Mann. */Sokrates*

☆

Die Liebe ist von allen Krankheiten noch die gesündeste. */Euripides*

☆

Lassen Sie sich nicht scheiden, wenn Ihre Frau nicht kochen kann. Essen Sie bei uns und behalten Sie Ihre Frau als Hobby. *Werbung eines Münchner Restaurants*

☆

Die Behauptung, ein Mann könne nicht immer dieselbe Frau lieben, ist genauso unsinnig wie die Behauptung, ein Geiger brauche für dasselbe Musikstück mehrere Violinen. */Balzac*

☆

Man bekommt eine Frau leichter in die Arme als in den Griff. */Werner Mitsch*

☆

Der große Gewinn: Die Frauen teilen unser Leid, verdoppeln unsere Freuden und vervielfachen unsere Ausgaben.

☆

Richtig verheiratet ist erst der Mann, der jedes Wort versteht, das seine Frau nicht gesagt hat. */Alfred Hitchcock*

☆

Das schöne Geschlecht hat ebensowohl Verstand als das männliche, nur ist es ein schöner Verstand. */E. Kaut*

VOLL GUT

„Warum machst du die Übungen nicht im Bett und schlägst zwei Fliegen mit einer Klappe?"

Liebschaften im Tennis sind gefährlich. Ein junger Mann, der zur Spitze will, muß sich entscheiden, ob er viele Bälle bevorzugt – oder nur zwei. */Jack Kramer*

☆

Planen Sie eine Geldheirat? Tun Sie das nicht! Bei uns bekommen Sie das Geld schneller, billiger, mit kürzerer Laufzeit und ohne branchenfremde Bedingungen.
/ Werbung einer New Yorker Bank

☆

Amerika ist ein glückliches Land, in dem jeder das tun kann, was seiner Frau gefällt. */William Faulkner*

Frauen

Nichts ist an einem Mann so sexy wie Talent. Ein Mann erobert eine Frau vor allem durch seine Begabung.

/ *Joan Plowright*

☆

Die Männer haben den doppelten Profit; sie repräsentieren als gesellschaftlich anerkannte Patriarchen die Familie nach außen und können sich nach innen von der Gattinmutter wie die Babys verwöhnen lassen.

/ *Margarete Mitscherlich*

☆

Jeder Mann wünscht sich eine Frau, die an sein besseres Ich, an seine edlen Instinkte und an die höheren Werte in ihm appelliert – und eine andere, die ihm hilft, all das zu vergessen.

/ *Helen Rowland*

☆

Das Verhältnis des Mannes zum Auto ist ähnlich dem Verhältnis zu einer Frau. Auch mit einem neuen Auto hat man Flitterwochen, die später im Alltag weichen. Der wichtige Unterschied: ein Auto kann man verkaufen, eine Frau nicht.

/ *Mario Bompiani*

☆

Der Einfluß, den die Frauen auf den Zufall haben, kommt ihnen besonders dann zu Hilfe, wenn sie einem Mann begegnen wollen.

☆

Eine Frau wird sich lieber vom Geist eines Mannes gefangennehmen lassen als von seinem Körper. Schön ist sie selber.

/ *Curt Goetz*

VOLL GUT

Kennt ihr das sicherste Mittel, ein Kind unglücklich zu machen? Ihr müßt es daran gewöhnen, alles zu erhalten. Sein Verlangen wächst unaufhörlich. Bald oder spät wird euch die Ohnmacht zwingen, im etwas zu versagen, und dies ungewohnte Versagen wird ihm weit größere Qual sein als die Entbehrung des verlangten Gegenstandes.

/ Rousseau

☆

In einem neuen Kleid läßt sich eine Frau leichter verführen als in einem gebrauchten. An einem alten Kleid hängen viele Hemmungen.

/ Lydia Pollard

Liebe

Liebe ist das einzige, was wächst, wenn man es verschwendet. */Marie-Luise Stängl*

☆

Die Liebe ist ein Stoff, den die Natur gewebt und die Phantasie bestickt hat. */Voltaire*

☆

Unser Leben heißt Liebe, und nicht mehr lieben, heißt nicht mehr leben. */George Sand*

☆

Liebe und Kunst umarmen nicht, was schön ist, sondern was eben dadurch schön wird. */Karl Kraus*

☆

Ein Tropfen Liebe ist mehr als ein Ozean an Wille und Verstand. */Pascal*

☆

Wir erforschen uns drei Wochen, lieben uns drei Monate, dulden uns dreißig Jahre – und dann fangen die Kinder mit dem gleichen Spiel wieder von vorne an.
/ Nach Hippoly the Taine

☆

Das schwächere Geschlecht ist das stärkere wegen der Schwäche des Stärkeren für das schwächere.

☆

Es ist genauso leicht, sich in ein reiches, wie in ein armes Mädchen zu verlieben.

VOLL GUT

Vor der Hochzeit sprechen die Männer hauptsächlich von ihrem Herzen, später von der Leber und ganz zuletzt von der Galle. */Helen Vita*

☆

Die Frauen machen sich nur deshalb so hübsch, weil das Auge des Mannes besser entwickelt ist als sein Verstand. *Zsa Zsa Gabor*

Liebe

Die Liebeserklärung eines Mannes kommt ungefähr so spontan wie das elektrische Licht – jemand muß den Schalter betätigen.   */Senta Berger*

☆

Küssen ist vor allem ein Austausch von Bakterienkulturen. Die emotionale Seite belastet das Herz derart, daß jeder Kuß die Lebensdauer um etwa drei Minuten verkürzt.   */Martine Maurier*

☆

Das Einfangen eines Bräutigams ist in Italien immer noch ein Kommando-Unternehmen, an dem sich die ganze Familie beteiligt.   */Marcello Mastroianni*

☆

Das Vergnügen ist wie die Lebensversicherung: Je älter man ist, desto teurer wird es.   */Kin Hubbard*

☆

Beziehungen verhalten sich bei längerem Gebrauch wie Pullover: Manche leiern aus, manche verfilzen gnadenlos, manche werden zu eng, manche ribbeln sich einfach über Nacht auf.   */P. Gaymann*

☆

Entweder geht man in meinem Alter am Krückstock oder man joggt an der Seite einer attraktiven Partnerin durch die Welt.   */Hellmuth Karasek*

VOLL GUT

(aus Frankfurter Rundschau)

Kunst + Wissen

Der Zauber der Kunst ist der einzige, der nicht auf Aberglauben beruht.

☆

Ein Dirigent ist eine Mischung von Vorturner, Musikfeldwebel, Verkehrspolizist, Taubstummenlehrer und Boxer – und für jede einzelne Tätigkeit wird er fürstlich bezahlt.   / *Selbstdefinition des Dirigenten Sir Thomas Beecham*

☆

Mit den Schauspielern ist es heutzutage wie früher mit den Offizieren: Jede Familie möchte am liebsten einen haben.   / *Gérard Depardieu*

☆

Kunst wäscht den Staub des Alltags von der Seele.
/ *Pablo Picasso*

☆

Das Alte wird nie alt, es wird nur alt das Neue.   / *Rückert*

☆

Die meisten Kranken gehen zum Arzt, nur die Erkälteten gehen ins Theater oder Konzert.   / *H. Drache*

☆

Heute ist schon jeder Kellner genial, wenn er nur den Kaffee rechtzeitig bringt.   / *W. Schmidinger*

☆

Der Bundesbürger kennt im Durchschnitt 19 Automarken, aber nur 5 Pflanzenarten.

☆

Der wahre Luxus unserer Zeit ist nicht der Rolls-Royce vor der Stadt, sondern der Stellplatz in der City.

VOLL GUT

Deutsche Autos werden gebaut aus Krupp-Stahl, schwedische Autos aus Schwedenstahl, polnische Autos aus Diebstahl.

/G. Czerwensky

Ein Stranderlebnis

*Mutti, warum hat der Mann
die Pille nicht genommen?*

Urlaub

Zu den Herbstferien: Viel zu spät begreifen viele die versäumten Lebensziele. Drum Mensch sei zeitig weise, höchste Zeit ist's: Reise, reise!

/Johann Wolfgang von Goethe

☆

Nur Reisen ist Leben, wie umgekehrt das Leben Reisen ist. */Jean Paul*

☆

Nihil agre delectat – Nichtstun ist angenehm. */Cicero*

☆

Man ist mit der Nähe verheiratet, aber man liebt die Ferne. */Friedrich Sieburg*

☆

Nur Reisen ist Leben, wie umgekehrt das Leben Reisen ist. */Jean Paul*

☆

Auch eine Reise von tausend Meilen fängt mit dem ersten Schritt an.

☆

Urlaub ist die schönste Zeit des Jahres – vorher. Hinterher ist das nicht mehr so sicher. */Fritz Muliar*

☆

Reisen kann einen ja auch blöd machen. Manche Leute kommen von einer Reise dümmer zurück, als sie hingefahren sind. */Wolf Biermann*

VOLL GUT

Wohin geht's denn diesmal in Urlaub? Keine Ahnung. Meine Frau legt fest, wohin es geht, mein Chef, wann wir fahren und meine Bank wie lange wir bleiben.

/ Depfa-Kalender

☆

Hinweisschild in einem Pariser Feinschmeckerlokal: Unsere ausländischen Gäste erhalten zehn Prozent Preisnachlaß, wenn sie nicht versuchen, in französischer Sprache zu bestellen – die Zeit unseres hochqualifizierten Personals ist teuer.

☆

Urlaubsreif ist, wer seinem Paßbild ähnlich wird!

☆

Urlaub bedeutet: Forsetzung des Familienlebens unter verschärften Bedingungen!

☆

Das ist das Geheimnis des alten Wiener Cafés: Der Kellner ist vergeßlich, die Kassiererin häßlich, die Wände sind grau, die Beleuchtung ist schlecht – lauter Dinge, die ich schön finde.

/ A. Schnitzler

Karneval

Die Rechtsprechung: Behalten Sie es für sich, wenn Sie fühlen, daß Sie wegen der Karnevalstage krank werden; denn ... Wer schon vorher an einem bestimmten Tag oder zu einer bestimmten Zeit nicht arbeiten will, kann sich nicht später darauf berufen, daß er wegen eines persönlichen Hinderungsgrundes nicht arbeiten konnte.

☆

Der Fasching ist vorbei, was sind wir froh – die Narren sind jetzt wieder alle im Büro!

☆

Besser mit Klugen in die Hölle als mit Narren ins Paradies.   */aus Bulgarien*

„Sie ist ohnmächtig.
Wir müssen ihr die Kleidung öffnen."

VOLL GUT

Sieh nach den Sternen, aber gib acht auf die Gassen.

/ *Wilhelm Raabe*

☆

Ohne den Strahl, worin er aufleuchtet, wäre der Staub nicht sichtbar. / *André Gide, franz. Nobelpreisträger*

☆

Die Gedanken sind wie Blumen. Diejenigen, die man am Morgen pflückt, bleiben am längsten frisch.

/ *André Gide*

☆

Die Natur übt ein heimliches Gericht; leise und langmütig aber unentrinnbar. / *Feuchtersleben*

☆

Entzünde ein Licht, baue eine Brücke Hoffnung. Niemand tut es für dich. / *Else Pannek*

☆

In einem guten Wort ist für drei Winter Wärme; ein böses Wort verletzt wie sechs Monate Frost.

☆

Glück ist meistens ganz gewöhnliches Leitungswasser, das nach Champagner schmeckt. / *Französisch*

☆

Einszweidrei, im Sauseschritt, läuft die Zeit; wir laufen mit. / *Wilhelm Busch*

☆

Die Welt kamm man nicht verändern, aber gewisse Sauereien kann man abstellen. / *Simmel*

Nützliches für den Alltag

Ich bin dankbar – nicht weil es vorteilhaft ist, sondern, weil es mir Freude macht.

/ Seneca

☆

Eine selbstbewußte Gesellschaft kann viele Narren ertragen.

/ John Steinbeck

☆

Verurteile keinen, ehe Du in seiner Lage warst. */ Talmud*

☆

Suche Rat bei Gleichen, Hilfe bei Überlegenen.

/ Dänisches Sprichwort

☆

Kein bequemer Weg führt von der Erde zu den Sternen.

/ Seneca

☆

Es gibt einen Punkt, bei dem selbst Gerechtigkeit ungerecht wird.

/ Sophokles

☆

Ein ehrliches Lob wärmt den Spender genauso wie den Empfänger.

☆

Manches Lob ist so schädlich wie eine Verleumdung.

/ Jean Paul

☆

Die Palme beugt sich, aber nicht der Pfahl.

/ Marie von Ebner-Eschenbach

VOLL GUT

Mancher ertrinkt lieber, als daß er um Hilfe ruft.

/ Wilhelm Busch

☆

Für Sorgen sorgt das liebe Leben, und Sorgenbrecher
sind die Reben.

Nützliches für den Alltag

Wer ein schlechtes Gedächtnis hat, spart sich viele Gewissensbisse.   */John Osborne*

☆

Wo die Not drängt, da wird Tollkühnheit zur Klugheit.

☆

Es steigt der Mut mit der Gelegenheit.   */Shakespeare*

☆

Man nimmt die unerklärte dunkle Sache wichtiger als die erklärte helle.   */Friedrich Nietzsche*

☆

Geduld ist ein Pflaster für alle Wunden.   */Cervantes*

☆

Den Besten zu gefallen, ist kein geringes Lob.   */Horaz*

☆

Die Welt ist ein Schauplatz: Du kommst, siehst, gehst vorüber.   */Matthias Claudius*

☆

Wenn man nichts tut, fühlt man sich für alles verantwortlich.   */John-Paul Sartre*

☆

Erlaubt ist, was nicht verboten ist. . . . Man tut nicht alles, was erlaubt ist.

☆

Wenn man die Ruhe nicht in sich selbst findet, ist es umsonst, sie anderswo zu suchen.

VOLL GUT

Man hat etwas weniger Freunde, als man annimmt, aber etwas mehr, als man kennt. */Hugo von Hofmannsthal*

☆

Besser, als einer, der weiß, was recht ist, ist einer, der liebt, was recht ist; und besser als einer, der liebt, was recht ist, ist einer, der Begeisterung fühlt für das, was recht ist.

☆

Ein unerfahrener Arzt macht einen vollen Friedhof.

Lebensweisheiten

Wer sich keinen guten Anwalt leisten kann, sollte lieber gleich die Wahrheit sagen. */Werner Mitsch*

Wer andere erkennt, ist gelehrt. Wer sich selbst erkennt, ist weise. Wer andere besiegt, hat Muskelkräfte. Wer sich selbst besiegt, ist stark. Wer zufrieden, ist reich. Wer seine Mitte nicht verliert, der dauert. */Laotse*

VOLL GUT

Klugheit ist Erkennen der Grenzen. Höchste Klugheit ist Erkennen der eigenen Grenzen.

☆

Die höchste Klugheit besteht darin, den Wert der Dinge genau zu kennen. */La Rochefoucauld*

☆

Klug ist, wer nur die Hälfte von dem glaubt, was er hört. Noch klüger, wer erkennt, welche Hälfte die richtige ist.

☆

Die ganz Schlauen sehen um fünf Ecken und sind geradeaus blind. */Benjamin Franklin*

☆

Der Irrtum ist die tiefste Form der Erfahrung. */M. Kessel*

☆

Für jede Dummheit findet sich einer, der sie macht. */Deutsches Sprichwort*

☆

Der Leichtsinn ist ein Schwimmgürtel für den Strom des Lebens. */Ludwig Börne*

☆

Der Weise pflegt die Wurzel, denn wenn sie gut gedeiht, wird Tugend aus ihr wachsen. */Laotse*

☆

Das Glück ist mehr auf der Seite des Angreifers als auf der desjenigen, der sich verteidigt. */Machiavelli*

Lebensweisheiten

Sage nicht alles, was du weißt, aber wisse immer, was du sagst. / *Matthias Claudius*

☆

Dumme Gedanken hat jeder, nur der Weise verschweigt sie. / *Wilhelm Busch*

☆

Es ist eine große Narrheit, allein weise sein zu wollen.

☆

Wenn wir nur noch das sehen, was wir zu sehen wünschen, sind wir bei der geistigen Blindheit angelangt. / *Marie von Ebner-Eschenbach*

☆

Wenn weise Männer nicht irrten, müßten die Narren verzweifeln. / *Johann Wolfgang von Goethe*

☆

Es ist nicht weise, das zu verteidigen, was man ohnehin aufgeben muß. / *Machiavelli*

☆

Schweigen können zeugt von Kraft, Schweigen wollen von Nachsicht, Schweigen müssen vom Geist der Zeit. / *Demokrit*

☆

Klug ist, wer stets zur rechten Stunde kommt, noch klüger, wer zu gehn weiß, wann es frommt. / *Geibel*

☆

Die Gelegenheit ist der größte Dieb, ein Teufel über alle Teufel. Sie betört die Weisesten, befleckt die Keuschesten, hintergeht die Behutsamsten und verführt die Heiligsten. / *Santa Clara*

VOLL GUT

Vielwisserei bringt noch keinen Verstand.   */ Heraklit*

☆

Um Gutes zu lernen, genügen tausend Tage nicht; um Schlechtes zu lernen, ist eine Sekunde bereits zuviel.

☆

Der Jammer der Menschheit ist, daß die Narren so selbstsicher sind und die Gescheiten so voller Zweifel.
/ Bernard Russell

☆

Merke Dir mein Sohn – auf Erden herrscht der Glaube, im Himmel die Liebe, und nur in der Hölle die Gerechtigkeit.   */ Papst Alexander III.*

☆

Der Dinge geduldig harren heißt, sich damit begnügen, was andere übriglassen.   */ Abraham Lincoln*

☆

Wenn die Begriffe sich verwirren, ist die Welt in Unordnung.   */ Konfuzius*

☆

Gelassenheit ist eine anmutige Form des Selbstbewußtseins.   */ Ebner-Eschenbach*

☆

Vorsicht ist die Einstellung, die das Leben sicher macht, aber selten glücklich.   */ Samuel Johnson*

☆

Gerechtigkeit ist nicht unwichtig, aber viel wichtiger ist das Erbarmen.   */ Rainer Prachtl*

Lebensweisheiten

Klopft man vergebens an die Tür mancher Weisheiten, so muß man versuchen, durchs Fenster einzudringen.

/ Joseph Joubert

☆

Es ist unklug, immer den Sieg davontragen zu wollen.

/ Machiavelli

☆

Lächeln ist die eleganteste Art, seinen Gegnern die Zähne zu zeigen. */ Werner Finck*

☆

Ein angeknurrter Hund knurrt wieder, ein geschmeichelter schmeichelt zurück. */ Arthur Schopenhauer*

☆

Es hilft nichts, das Recht auf seiner Seite zu haben. Man muß auch mit der Justiz rechnen. */ Hildebrandt*

☆

Die besten Jahre eines Mannes fangen an, wenn die guten vorüber sind. */ Goethe*

☆

Wer das Böse leugnet, lebt in der Illusion, wer das Gute nicht wahrnimmt, im Nichts. */ Gunter Groll*

☆

Durch Eintracht macht man kleine Dinge groß, durch Zwietracht wird man große Dinge los.

☆

Der Beginn des Heils ist die Erkenntnis des Fehlers.

/ Epikur

VOLL GUT

Gebildet ist, wer weiß, wo er findet, was er nicht weiß.

/ *Georg Simmel*

☆

Ein gutes Gedächtnis ist eine gute Gabe Gottes. Vergessen können ist oft noch eine bessere Gabe Gottes.

☆

Neun Zehntel unseres Glückes beruhen auf purem Zufall.

☆

Man muß das Unmögliche versuchen, um das Mögliche zu erreichen.

/ *Hermann Hesse*

☆

Ich habe den Menschen immer so vertraut, wie ich gefährlichen Tieren vertrauen würde – und ich bin immer gut damit gefahren.

/ *Henry de Montherlant*

☆

Es sind nicht die Umstände oder Probleme, die uns zu schaffen machen, sondern immer unsere Einstellung dazu.

/ *Josef Schmidt*

☆

Das ist das Verhängnis – zwischen Empfängnis und Leichenbegängnis nichts als Bedrängnis.

/ *Erich Kästner*

☆

Reichen die Kräfte nicht aus, so ist doch der Wille zu loben.

/ *Ovid*

Lebensweisheiten

Man ist nur unruhig, solange man noch Hoffnungen hat.

/ *Hermann Hesse*

☆

Wer die Wahrheit liebt, der urteilt scharf, vorausgesetzt, daß er das darf. / *Eugen Roth*

☆

Mit dem Maß der Entfernung nimmt das Ausmaß von Katastrophen zu.

☆

Das sicherste Zeichen der Barbarei und Primitivität ist der Kult der Zahl und der Quantität. / *Kalergi*

VOLL GUT

Unser Leben heißt Liebe, und nicht mehr lieben heißt nicht mehr leben.   */ George Sand / 1804*

☆

Niemand wird in der Welt so betrogen – nicht einmal die Weiber und die Fürsten – als das Gewissen.   */ Jean Paul*

☆

Nicht die Dinge selbst, sondern unsere Vorstellungen darüber machen uns glücklich oder unglücklich.
                                                                 / Epiktet